사랑은
곰곰이

김현주의
감성 에세이

사랑은 곰곰이

세상을 다독여주는
사랑의 메시지。

책나무출판사

| **일러두기** |

본문에서 등항자는 (_, _()_, *)=,의 기호들은 저자가 의도한 표현으로,
각각 '둥글게 펴지다', '두 손을 모아 기도하다', '꽃다발을 옆으로 든 모습'이라는
의미입니다.

하고 싶은 말

부탁과 의지의 신호

하던 일이 나을까요
다른 일이 나을까요

바람 잘 날 없었던 지난한 정서를
표현하는 건 쉽지 않은 일인 거 같습니다
어떻게 보면 가장 기본적인 손이
작은 이야기를 할 때 비슷하게 쓰고 있거든요

노을이 지면 취향을 다룬 예술과
편안한 사람들과 채워가는 세계는
변화시킬 수 있는 가능성이 있어 아름답지요

습지와 관련된 역사든.
서랍과 관련된 역사든.
아니면 소망을 선택하게 하는 역사든.
타인과의 조화를 위해서
탄탄하고 미끄러운

연출을 하는 게 중요해서요

오래 알고 지내던 지하에서

부탁과 의지의 신호를 읽어주셔서 감사합니다

| 목차 |

Part 1. - 직조된 별

Part 2. - 청춘의 아침

Part 3. - 그 사랑

Part 1.

직조된 별

한 겹 한 겹 모아서 이루어진

사람은 감정과 이성의 유기체지만
가장 극악한 순간에 작동하는 게
이성이 아닌 연민이라는 감정이었기에
참 놀랍기도 하고 신기했습니다

애니 [인크레더블2]를 보면 아빠 히어로가
철을 구부리는 초능력을 가진 히어로에게 물어봅니다
'구부린 것을 펼 수 있나?'라고…
상대는 펼 수는 없다고 답변하지요

원자가 후회하는 마음을 가질 수 있을는지요

분자가 돌이킬 수 없는 아쉬움이 있을는지요
사람은 철모르게 작용하는 것들로
한 겹 한 겹 모아서 이루어진 존재이기도 해서요
어차피 힘들고 우울하고
마음대로 되지 않는 삶이지만

가장 바닥까지 내려간 자신을

다독이는 사랑은 햇살 아래 녹아내린
얼음일 수도 있겠습니다

상대를 끌어안고 도와주는 손

믿으면서 이동하는 마음이었습니다

아직도 바닥에서 어슬렁거리는
후회들이란 얼마나 많겠는지요

내 삶의 한정된 자원에서
무언가를 함께 지켜낸다는 게 어려웠습니다

사랑하는 사람의 지점이 가지고 있는
울컥한 감정이 있더라고요
손을 잡을 수밖에 없는 존재들은
굳게 닫힌 문을 열고 빛을 전달하는 게 어렵잖아요

- 맨발 벗은 채 배달 사고가 있었어요

의도한 대로 진흙을 끌어안고
금기에 저항하는 달력은
정확하게 특징이 있거든요

이르지 못한 저 너머의 세상으로
내적 장치의 고리를 채우는 지극한 진심이 있습니다

시 [민들레압정]처럼
영화 [인어공주]처럼
연극 [웨딩드레스]처럼

극악한 현실에 저항하는 예술의 잔해와
약속을 정리할 수 있는
문학의 온도는 중요한 거 같아요

삶에서 분리될 수 없는 고통을 도와주는 게
결국 스스로가 더 깊어져서
상대를 끌어안고 도와주는 손입니다

고향 하고 반대로 기차를 타면서
눈과 심장이 없어진 친구가 있습니다

사랑하는 사람에게 동일하게 들어가지 않으면
알 수 없는 물을 선택하게 하더라고요

말없이 그냥 고마운 인사를 드리고 싶습니다

차곡차곡 단단해지는 꿈은

사랑은 궁금한 서로를 부르는
힘을 갖고 있구나 하는 생각이 들었습니다

맘속 경계선이 지워지는 사람과 사람은
이내 마음을 지우고 다시 그리고
꿈에서의 한 시간으로 모이는 거지요

비슷하게 흘러가는 삶이라면
머리가 아닌 가슴으로 들여다봐야 하거든요

다음을 위해 쓸 수 있는 [연애]를
입체화할 수 있는 것에 새기기로 했습니다

특별한 의미에서 '나를 찾아주세요'라는
중요한 고백은 고도를 높여가는 시간으로
완성될 수도 있기 때문에 이름이 들어갑니다

잠든 비들은 한번씩
귀를 열고 이야기를 시작하지요

버려야 할 기억이 생기고

저녁에서 아침으로 천천히

빛을 모으면 꺼지지 않는 촛불이 됩니다

기다림의 하늘은 지나가고

시곗바늘은 숫자로 나뉘어 있는데
긴장을 제시하는 결과가 달라서요
우선순위를 두고 생각을 전시하는 느낌이 드네요

현존하는 물을 마시면서
구름 모양을 계속 보게 되더라고요
폰트의 의미를 말해주는 법칙과
구조에 상관없이 달력을 보냈다는 거예요

경험이 달라지는 정보가 바래지기도 하더랍니다
꿈속에서 두드리는 소리를 들을 때까지
시간화되는 일이 나을까요
공간화되는 일이 나을까요

날이 가고 굳어지는 시간이 1년, 10년이라도
아름답게 지켜내고 싶은 게 있다면
자유롭게 그리워지는 사람이든, 사물이든,
만날 수 있을 거라는 생각도 하게 됩니다

심장을 통과한 시계 이야기도 있었네요
과거를 취소하고 오늘 안으로
사람들의 약속이 오고 갔기 때문에
희망의 생활이 가능합니다

새벽 거리가 빛나는

왼쪽 눈을 감고 싶어 하는 소리가 들렸습니다

계속 움직이면서 자극을 주고
달려가는 선택은 마음을 복잡하게
만드는 서로를 아는 거예요

비극적인 사건에 대한 기억은
사람마다 다르겠지만 상실로
남은 세월을 채우기도 하거든요
마주하게 되는 시점을 옮기는 것만으로도
검은 숲이 느껴지는 거지요

고스란히 공감을 만드는 이야기는
물구나무서는 어딘가를 이해할 수 있었습니다
흔들리는 심정이 해결되지는 않더라고요
영화 [라이프 오브 파이]의 파이처럼
마음대로 질문을 만들 때까지
스스로 섞어 만든 상황 속에 닿아있기도 하지요

머츰한 시간을 이미 알고 있습니다

모든 지름길을 돌아서

하이얀 시장에서 직조된 꿈이
주저리주저리 열리네요

날이 가고 굳어지는 시간이
자유롭게 그리워지는 사람이든, 사물이든,
만날 수 있을 거라는 생각도 하게 됩니다

차곡차곡 단단해지는 신호로
심장을 통과한 지문 이야기도 있어서요
과거를 취소하고 오늘 안으로
사람들의 약속이 오고 갔기 때문에
현재의 생활이 가능합니다

떨리는 점이 크게 보이고,
다음 날은 선이 약해지지만
절대 물러서지 않을 거 같은 시간도 있습니다

처음부터 끝까지 가장 참혹한 공간에서
문이 닫히는데 두리번두리번하다가

숨을 참기도 했지요
절실한 진심은 나의 인생을 거쳐 가면서
꽃을 안고 웃는 판板으로 완성할 것입니다

외로운 풍경을 나누고 싶은

어제 아침에는 사람들이 많이 다니는 길에
비둘기 한 마리가 죽어 있었습니다

함께 다니던 비둘기였는지
붉은 피를 흘리며 죽은 비둘기
주위를 계속 맴돌더라고요

- 어떻게 하지… 어떻게 하지…

작은 발을 동동 구르면서 어찌할 바 모르는
비둘기가 안타까웠지만, 마음의 여유가 없어
그 모습을 바라보기만 했네요

그 누군가가 제보를 하셨는지
몇 시간이 지난 뒤 그곳은 정리되어 있었습니다
피 묻은 흔적도 보이지 않았고요
꾹꾹 눌러 담아두었던 생각은
외로운 풍경을 나누고 싶은
진심에서 시작되는 거 같아요

인피니티 메모리_

시간성과 영성은 다시 공간성과 물성으로

연결하면 되겠지요 스페이스 라이프!

한 장의 그림 되는 날을 바라며

비틀어진 영사기 때문에 세상이 흐릿해져도
손으로 연필로 새로운 도구를 천천히 돌립니다
시간에 관한 기대를 바꾸지 않기 위해
속도보다 방향이 중요하다는 생각을 하게 됩니다

아직도 우리가 집중하는 것은
이웃들이 일깨워주는 미학적인 판단이니까요
무슨 일이 있었던 세상은 어색하지만
아름다운 멜로디가 모였을 테니
밤과 낮이 이어지는 길을 만들 수도 있을 겁니다

문화연구자가 다양한 언어들의
가능성을 열어두기도 하거든요
기다리지 않아도 오후가 되면
회전하는 꿈으로 고정시키는 거예요
시간의 역사는 창작자들이 기나긴 밤을 새운
결실의 세계이기도 하더라고요

성심을 다했던 문학은

다시 만들어져 영화의 방죽이 되기도 합니다
영혼의 리듬을 껴안는 순간 그냥 기차를 타고 갑니다

깊고 깊은 곳에서

버스를 타기 위해 줄 서 있는데
트릭이라는 입구를 지나면
알고만 있던 극장을 가서 경유하는 생각을 합니다
계속 의심만 하는 부분이 중요하거든요
진심으로 상처가 곪아 터질 때까지
기분이 이상하지만 다른 이야기가 있습니다

공포에 가까운 상황이 눈앞에 펼쳐지면
내가 걸려있는 말을 신뢰할 수 있는 사람은 드물 거예요
문득 영화 [일급 살인]의 장면도 그려집니다

큰 틀에서 재구성되는 역습들로
감각적 체험을 하게 되더라고요
견고해 보이던 정보는 잘 모릅니다

먹구름이 가득한 하늘을
다시 보게 만드는 근원은 사람의 정서에 있더랍니다
시간을 정복할 수 없으니 검은 낙엽을 보기 전에
그 산장에서 따라갈 수 있는 길을 만드는 겁니다

벙어리처럼 시장 바닥을 어슬렁거리면서도

살아있는 것을 느낍니다

실습만 할 수 없기에

현재의 우리가 소속되어 있는
예술의 시작은 제조업으로 시작되었고
경작하는 마음으로 꾸준히
스스로의 자유를 위해 노력할 수밖에 없습니다

사람이 시계를 기획하고
시간 관리를 배우고 가르치고
다시 진부한 하루를 반복하고
진부함을 극복한 사례가 있다면
기쁨이 찾아올 수도 있겠지요

시간이 없어서 좋을 수도 있고
시간이 넘쳐서 미칠 수도 있고

인생이든. 예술이든.
실습만 할 수 없기에 힘들 때도 많잖아요
중요하게 쓰이는 전화를 사용하게 되고,
소리가 돌아올 적에 다가갈 수 있는
우정을 지켜보는 것도 좋겠습니다

은하의 등불이

벤치에 앉아 책을 읽는
계절의 문턱에서
부탁의 즐거움도 알게 되니

영화의 잔해로
별의 조각을 정리할 수 있는
기분 좋은 장소를 기다려봅니다

눈을 감고 이어진 하얀 낮에

소설과 소설가의 관계는
서로 닮았지만 현실을 부수고 싶은 세계 속에서
진실의 문을 닫고 모호하게 살아서 움직입니다

사람의 기억과 연결된 감정들은 앞으로 나아가네요
가장 인상적인 사람이 일기 쓰기를 멈추지 않거든요

불행한 인생의 그림자는 반복될 수도 있을 겁니다
실존이 던지는 힘은 얼마나 강한가요
모두가 반대로 말할 때 떠나는 곳이 생겨나거든요
살아가면서 선택의 크기와 손바닥의 크기가
비슷한 이유는 영혼을 보지 않으면 알 수 없더랍니다

아름다운 것을 원하는 만큼
참담한 흔적을 남기기도 하지요
쇼트적 시점에서 후반부를 위한 선물은
자신의 입을 타인의 선택에
맡기게 되었을 때 찾을 수도 있을 거예요

영화 [나를 찾아줘] 에이미의 생각
영화 [라이프 오브 파이] 파이의 생각
그들의 생각을 따라가다가
다시 영화 [덩케르크]의 생존법을 연결해봅니다

수시로 찾아드는 위기들은
이해하기 힘든 열 개의 공간에서 중요하기 때문에
인과를 바꾸는 선택도 가능합니다

생각을 전달하든, 이야기를 전달하든,
선명하게 압도시키는 힘은
각각의 신비로운 체험이 실린 우주에 있습니다

만만찮은 세월을 건너왔기에
마음의 정겨움을 무시로 나눠봅니다

이웃에게 신호를 보냅니다

영화 [어벤져스 인피니티 워]를 보면
막연한 열정만 가지고 있었는데
보이지 않는 속성들을 생각하는
사실 그 자체가 영화의 주제일 수도 있겠습니다

가장 나쁜 악당이 구원을 기억하라고 암시를 했지만
앞일을 알지 못해 숨겨야 했던 일도 많더라고요
의미 없는 저항으로 계속 실패하는 도전이지만
해당하는 상상을 다양함으로 수정해주시네요
우주의 틈을 채워줄 수 있는 건
서로를 정리해주는 따스한 리듬감이니까요

한 번 스쳐 가는 신기한 명단에도
꽃은 피어납니다
흔들리는 저 빈 들 끝의
영혼과 마음에서 배울 수도 있습니다

- 약간 비슷한 구슬이 있으면 어떻게 해야 할까요?

삶과 죽음을 소유하지 않고 나눌 수 있기에

이웃을 위해 가슴으로 신호를 보냅니다

꿈의 장소는 빈 골목에서

어김없이 달 위를 따라가게 하는 힘이 있습니다

한정된 시간 속에서
하나의 세계를 바꾸는 일을 겪게 되고,
약속을 지키는 마음으로 어디론가 가는 거예요

자유롭게 근원적인 삶을 전달하는 의자가
아주 오래전 거리에 있었습니다
서로를 어루만지는 요소는
큰 부분에서 보기만 해도 볼 수 있었지요

쉬고 웃으며 인사할 수 있는 궁극이기 때문에
깊어진 것들을 드러내고 싶어질 때가 있거든요
순례하는 길을 거치다 보면
아직 피지 않는 생활과는 무관하게
정확하게 볼 수 있는 진심이 있더랍니다

복잡한 사회로 이뤄진 소설은
다르게 보이는 인물들을 통해서 열렸습니다

-실제 중요하지도 않아요

반복해서 부조리한 현실은 이유가 있는데
무엇인지 생각할 때 어울릴 수 있으니까요

그 작동 안에서 시간이 가면 갈수록
이야기를 아름답게 맞설 수 있는 장님은
느껴지는 것을 믿습니다

회복하는 구조로 될 수 있다는 걸 알기에
저녁 햇살을 원하는 만큼 움켜쥐게 됩니다

꿈의 장소는 빈 골목에서 우연히
만날 수도 있어요

깊이 숨어있는 그림자가

그림자가 깊이 숨어있는 무서운 이야기가 있습니다

밝은 장소에서 뒤집힌 사람은
밤의 한숨 때문에 사라졌습니다
의미가 없는 물이 흐르는 소리는
죽음이 공존하는 공간에 있더라고요
하나로 묶이는 사계절은 끝나버리고
느린 정보들은 잠들어 있네요

절대 공포를 선명하게 알려주지 않았습니다
하루의 시큰함이 한정된 표정에서 오지요
영화 [불신지옥]의 소진과
영화 [아가씨]의 히데코는
믿지 못하는 추상적인 시절이 있었습니다

시대를 보는 마음은 옆에서 발현되는
한 호흡 같은 느낌도 들었습니다

영화 [기담]에서 스며드는 것들은

영화 [블랙스완]에서 홀로 헤매던 결핍일 수도 있겠더군요

황새가 나올 때를 생각해야 하는 가슴앓이와
가시 돋친 세계에 대한 암울함, 처연함 등
고밀도의 감정적 미묘함을
모두 이해하고 싶지는 않아요

어차피 알 수 없는 꿈의 기억은
차갑고 모호하게 흘러가기도 합니다

인생은 노랑입니다

기분 좋은 주소를 따라가면서
두 사람이 함께한 장소를 만났습니다

혼자 살고 있는 사람이 기분 좋은 그릇을 모을 때,
한낮에 들려오는 한숨도 있더라고요

신념을 포기하지 않는 지점에서
예측할 수 없는 미래를 만질 수 있다는 게
정말 중요한 일이라는 생각을 하게 됩니다

절박하게 달려야 하는 사람이
시간을 바라보는 태도는 점점 온몸으로 드러났습니다

어디로 가야 할지 모르는 펜에 대한 믿음으로
푸른 바다를 가려는 노력이 더 필요하지요
'우주의 표지판'은
웅크리고 있는 나이를 내색하지 않고
기다림의 시도와 진실한 질문들을
다시 찾아보게 해 주더라고요

- 혼자 다른 길로 가고 있는가?
- 힘으로 결정하는 사람은 누군가?
- 도시에서 감정을 만드는 예술은 무엇인가?

문학이든. 영화든. 그림이든. 춤이든.
서로가 품은 빛으로 다시 서로의 삶에
의미를 부여할 수 있는 거 같아서요

앙리 마티스의 그림 [춤]
박솔뫼의 소설 [머리부터 천천히]
알폰소 쿠아론의 영화 [칠드런 오브 맨]

시종일관 생각의 톱니바퀴가
천천히 사람에게 흘러가는 느낌이 드네요

최승자 시인님의 시[삼십세] 한 구절도 생각났습니다
'이렇게 살 수도 없고 이렇게 죽을 수도 없을'

길 위에 있는 사람은 하루하루
살아가야 하는 연결점을 찾는 게 쉽지는 않아서요

최근까지 마음 다치는 일이 있어
술을 마시며 울컥해지는 경험도 했습니다

아무튼 삶이 주는 숙제는 진부하지 않아
설레기도 하고 두렵기도 하고 어렵기도 하더랍니다

진짜 기억이든, 가짜 기억이든,
그대가 모르는 꽃가루는
오래전부터 꿈의 노래를 열고
내몰린 것들을 따뜻하게 껴안고 있습니다

따뜻한 묵상을 찾은 것처럼

따뜻한 묵상을 그리워하는 게
사람의 마음입니다

숨은그림찾기 하다가
숨은 그림을 찾은 것처럼
자신의 마음을 잘 그려주는
언어들이 있어 감사하지요

누구든 외롭지만
하루의 정령이 손짓을 하거나
역동적인 나이를 순서대로 맞이하거나
사소한 즐거움 속에서
바다를 만지는 체험을 하겠지요

아무렇지 않게 보이지만
흔들리는 이야기를 하니까
다른 저편에서 던지는 감정의 울림이 좋아서요

근사하게 응원하고 싶습니다

함께하면 좋을 유머가

영화 [데드풀2]는 지난 내용에 이어
함께하면 '좋을' 유머가 하늘에 누워있었습니다

데드풀이 거친 운명에서
자신의 존재를 지켜내야 하는 방식은
사방으로 뻗어 나가는 위트였습니다

자신을 설명할 필요가 있는 순간마다
죽음으로 무장했기에 그의 삶 이면에서
중요했던 진심과 사랑을 느낄 수 있었습니다
데드풀과 러셀이 울 때마다 같이 울게 되더라고요

고립된 우주만큼
안타깝고 속상한 마음이네요

영화 보는 일상을 이어가게 하는 건

사람에 대한 근원적인 정의와
침몰하는 삶의 마지막 미스터리가

있기 때문이라는 생각을 하게 됩니다
즐거운 상상을 하며
살았으면 좋겠습니다

자세를 낮추지 않는 철길은

온라인이지만 글에서 나쁜 기운이 느껴지는
분들이 종종 보입니다

웹툰인데 맥락도 없이 욕설이 난무하고
과학자에게 무례하게 막말하고
(생각이 다를 수는 있는데 표현이 참 못되어서요)

어느 분은 이웃이 자기 물건을
가져간 사람이라고 지목한 뒤
자세를 낮추지 않고 글을 쓰다 보니
오해와 서운함과 성질이 섞여서
해로운 일 겪기도 하셨더군요

바람처럼 편안했으면 좋겠습니다

동해남부선 철길 맞습니다 맞고요

꿈으로 담을 고정시키면

영원히 즐겁게 하는 비법과 힘을
터득하려고 머리카락이
바람에 출렁대기도 합니다

결국은 바다에 드는 강물로
사랑의 모양이 있는 세상을 바라보다가
가슴으로 가슴으로 스며드는
꿈으로 담을 고정시키면 됩니다

슬픔이 지기 전에 기쁨으로

많은 청년들이 관계불안증에
시달리며 고통받고 있습니다
누구에게 물어도 모른 채
다시 일어나야 하는 게 인생이라는 걸
어느 나이가 되면 깨닫게 되는 것일까요

보고 있지만 볼 수 없고…
듣고 있지만 들을 수 없는 감옥에서
스스로를 가두는 것도 자기 자신이고,
그 감옥의 불편함을 알고 나오는 것도 자신의 몫일 겁니다

가깝진 않게 그다지 멀지도 않게
두려움을 놓아주는 사랑과 예술이 있기에
다시 힘을 낼 수 있는 것이겠지요

세상에 섞이지 못하고 인정받지 못하는
존재에 대한 연민은 어색한 침묵 대신
기꺼이 대답을 기다리고 있습니다

따뜻한 기운이 혈관 속으로 스며든 진심은
슬픔이 지기 전에 기쁨으로 찾아옵니다

처음 그린 그것의 느낌은 희미하지만
사람의 혈을 찾는 근본적인 것이
예술이라는 생각도 하게 됩니다

연예인이든. 일반인이든.
삶이 가르쳐 준 신명 나는 메아리를
진실한 마음으로 찾아가고 두드려야 하겠습니다

아침을 열어주고 밤을 닫게 하는
좋은 마음 감사합니다

열 명이 있는 그림의 경계가

허공에 꽃씨를 뿌리듯 설명하기 때문에 좋은 거지요

반대로 서서 가는 숫자를 모릅니다
자리도 좁고 사람들의 이익이 밀착되어 있는데
납작해지지 않는 이야기는 힘들잖아요

어려운 설명을 자주 하는 이유는 민감한 서로 다른 문제들이
파편적이기 때문이라는 생각을 하게 됩니다

표면적 정보가 안으로 들어오고
다시 출격하는 이면의 밑이 열리면서
시계의 방향과 맞지 않을 때,
열 명이 있는 그림은 경계가 없어집니다

편의에 대한 위치 때문에
뒤를 보여주는 컴퓨터는 일상과 분리될 수 없거든요

법칙에 관한 비용이 확장되지 않고
눈과 심장이 숨어서 소비의 규모를 만들어냅니다

책 [경제학 콘서트]를 읽다 보면
희소성과 익명성과 경제성이 함께
관리되는 자체가 나를 현혹하는 것들의
성찰이 필요함을 새삼 깨닫게 됩니다

- 거짓말이 아니에요

마음을 달래주는 듯한 아메리카노 한 잔은
이미 우리 사이에 있습니다

살림살이는 생활 속에서 노래를 부르면서
다국적 관점을 가지게 하는 역할을 하지요
연연할 게 많은 사람들에게
'가상소비 증명방식'은 힘든 숙제인 거 같아요

경제의 온도를 맞추기 위해 시민이
신용을 건네는 건 10분도 안 걸린답니다

오늘은 마음의 여유가 없었지만
경제적인 힘을 터득하려고 오 분간 집중했습니다

삶을 예술로 결정하는 착각을

지역을 이동하면서 단조로운 일을 시작하지만
희미한 의식을 붙잡고 있는 화두가
사람다운 소망이었습니다

자연스러운 관계는 소망의 틈이 될 수도 있어서요

자기 자신의 위치에 나이를 끌어와서
내 가슴에 가볍게 흔들어봅니다

결이 다른 전화를 해야 되는 상황에서
사건으로만 판단하면 안 됩니다

음식과 코미디와 와인에 대하여
이해하지 못하는 인연은 쉽게 허물어집니다
날씨도 식별할 수 없는 이야기가
일찌감치 봉인되어 있지만 이어지는 힘은
그곳에 가야 하는 걷기에 있더라고요

두 사람의 사연을 먼저 수락하지 않고서는

자리를 마련해주는 차이가 있어요

바라보는 풍경을 오색의 커다란
바구니 속에서 볼 수도 있거든요

영화 [트립 투 잉글랜드] 관계의 주파수와
영화 [트립 투 이탈리아] 등급의 주파수는
질문을 던지는 지구별에서
포근한 휴식이 될 수도 있겠습니다

노을 지는 우주를 바라보면서
흔들리지 않는 목소리로
삶을 예술로 결정하는 착각을 하게 되니까요

- 소설 [금수]의 모차르트 교향곡이십니까?
- 소설 [나는 농담이다]의 스탠드 코미디이십니까?
- 영화 [일포스티노]의 우체통일까요?
남이 나를 가까이하는 이유도 의심하게 되고
남이 나를 멀리하는 이유도 의심하게 되는
자주 무겁고 답답한 일상 속에서
그래도 우리가 할 수 있는 일은
세상을 아름답게 물들게 하는 사랑이겠지요

거대한 허무를 감싸는 위로

영화 [플로리다 프로젝트]를 보다 보면
소외된 이웃과 함께 가고 있다는 현실에서
내몰린 것들을 껴안고 가는 성찰이
필요함을 새삼 깨닫게 됩니다

먼저 눈물을 흘리는 사람이
자신의 현재를 희생시키고,
졸지에 문제 인식을 하게 되는 이야기는
공동체의 의미를 느끼게 해 줄 수도 있더랍니다

결국 이웃의 문제는 삶의 문제이기도 했습니다
무니의 힘든 성장을 어떻게 하면
순수함으로 읽어낼 수 있을는지요

까마득히 던진 시선에 대해
틀렸던 것과 다른 것을
잘 가르쳐 주지는 않습니다

익숙하기 때문에

아무리 달려 봐도 그 자리에 있어서요
다만 세상을 반추하는 노력과 분위기가 중요하답니다

저학력과 빈곤을 유보할 수밖에 없는
편견과 표면적인 생각을 주입시키는 방송,
계층과 소득에 따른 삶의 질의 상관관계 등
원래 감추어진 현실이 스포일러예요

사라졌던 사람이 나오는 집에서
닿을 수 있는 질문에 관한
헌신적인 마음이 조금 더 필요하겠습니다

첫 마음이든. 마지막 마음이든.
거대한 허무를 감싸는 위로에
더 집중했으면 하는 마음입니다

슬픔의 얼굴을 보게 되지만

비슷하게 쓰다듬는 복숭아에 집중했습니다
레몬과의 위치를 구분할 수 없기 때문에
방향을 돌려서 포장을 해야 되지요

어떤 일은 바닥까지 메모를 하게 되더라고요
처음에는 유리한 손을 잡고
지금 시점에서 이사를 가면
긴 시간 동안 차를 두고 기차를 타게 됩니다

기분이 외로울 때,
두 개의 티켓이 현관에 있는데
주섬주섬 정리를 하게 되거든요

무언가를 쓰는 것들에 대해 반성을 하고
기다리다가 지역과 지역으로
나아가야 하지 않을까 생각했습니다

단일한 모습으로 살아가기 힘든 세상 속에서
효율성과 공정성의 기준과 경매의 가치,

비교 우위와 긍정적 외부 효과가 좋다는 것을
이해하는 시간이 80분보다 더 길지도 모르겠습니다

어둠에 먹히도록 서로 멀어져가는 게
우리의 현실일 수도 있는데 말입니다
일을 구하지 못해 취업할 수 없는 경우에는
은행에서 통장도 만들 수 없더라고요

슬픔의 평등한 얼굴을 보게 되지만
구김이 많았던 하루를 대화로
잠시나마 펼 수 있음이 감사하네요

창문의 에피소드

창문의 주인이 되고
낮의 주인이 되는 길*)_
자연스럽게 만든 경제학이든.
아마존 에피소드이든.
자신의 집보다 홍미롭게 다가오는 것 같습니다

모래를 만드는 오름

졸지에 오름의 문제를 고민하던
시간을 떠올려 보게 되었습니다

기억에 기대어 푸르게 빛나던 사람과
길고 느린 호흡으로
모래를 만드는 사람의 다점茶店은
어디에 있을는지요

마트에서 고른 빛이 지나갈 때까지

감정적인 고통이 침묵 속에서 나오기 전
발밑 한 번 밝혀주지 못한 상황에서
살아갈 이유가 뒤에서 밀고 오네요

흙들이 하는 일에 대해서
새로운 기억을 쓰지 않았습니다
계속 떨리고 모르는 사람의 경계를 지우려면
한 발자국 물러난 태도들이 있었습니다
다시 봐도 알고 있는데
직접 혹은 간접 경험을 하거든요
성공해야 되는 더 중요한 실험들이
이어지는 부분이기도 합니다

영화 [아메리칸 스나이퍼]가 생각났습니다

벗어나기 어려운 자신의 위치를 믿고
오래 앉아있는 사건들은
이미 여러 차례 되풀이되고 있어서요

- 선과 악의 바퀴가 균형을 맞추고 있나요?

평화적으로 선택하기 어려운
그들의 언어는 한계가 분명히 존재하겠지요
기필코 지켜내야 하는
희망이자 절망의 프로젝트를
선별하는 일은 쉽지 않습니다

- 실감 폭발은 아니잖아요
여덟 번의 죽음을 통과한 이야기를
그려봤으면 불의 쓰임새를 알 수 있을 텐데요

마트에서 고른 빛이 지나갈 때까지
부위가 아물었으면 좋겠습니다

직조된 별

오늘 이곳에서
묶인 두 사람을
오직 수건으로만
판단하면 안 됩니다

무딘 칼은 사용할 때,
힘이 많이 듭니다

직조된 문학에서
당신의 편이 있든지 없든지
별을 지향하세요

이상한 힘이 느껴지는 동네 서점

[책]을 함께하고 받아들이는 정도는
보는 사람에 따라 다른 시간, 다른 당신,
다른 거울로 담아지네요

실내에서 시커먼 선글라스를 끼고 있는 사람을
개성 강한 사람으로 막연하게 짐작하겠지만
사실 그는 녹내장 때문에
눈을 보호하기 위함일 수도 있겠습니다
(제가 경험했던 일이기도 합니다)

모난 부분을 둥글게 만들어가는 과정이
어디 [당인리 책발전소]에만 해당되겠는지요

분리될 수 있는 숲보다
이상한 힘이 느껴지는 동네 서점 감사합니다

하늘과 사람과 유산이 연결된

책 [지리의 힘]을 어둠 속에서도
훤히 빛나는 말씀으로 밝혀 주셨네요

까마득한 시간이 갈 때까지
순서대로 남쪽에서 오잖아요

큰 강이 있다고 하면 이웃들하고 상관없이
동그란 길을 같이 다닌 거예요

서로를 이끌고 가려는 이익을 위해서
어렵게 얻는 자원은 한계가 있을지도 모르겠습니다
이름이 계속 바뀌기 때문에
도시가 아닌 요소들은 정말 다양하더라고요

-위로 올라가서 찾아요

동경하는 세상은 절벽처럼 아름답기도 해서
저도 열심히 붙잡고 싶었습니다

아버지 방 툇마루에 앉아서도
무수한 시도들을 자세하게 분석할 수도 있거든요

지리학에서 역사학을 지우지 않는 이유가
긴 시간을 사람과 함께했기에
수많은 후회가 반복되는

정치까지 함께 가는 것이겠지요

위치를 모르는 불행을 없애기 위해
한 발자국 나아가는 태도들도 있었습니다

영화 [마션]을 다시 봐도 알 수 있는데
모래언덕이 많은 서쪽으로 방향을 틀어
대평원이 이어지는 부분이기도 합니다

책 [테크노 인문학의 구상] 화두처럼
지도에서 민감한 부위들이
문학으로 아물면 좋을 텐데요

지리의 힘을 받아들이는 정도는
보는 사람에 따라 다른 시간, 다른 당신,
다른 거울로 담아지기도 해서요

문득 한국의 비무장지대 생태계도 떠올랐습니다

지뢰가 많아서 숲의 상태를 정확하게

알 수 없다고 하지요

하늘과 사람과 유산이 연결된 자리는 어디에 있을까요?

너를

진실로 진실로
수평선 너머에서
사라진 너를 태우고
또 하나의 별을
찾아가는 열린 눈

탈출과 사랑과 꿈을 건드리고 있는

영화에 대해 진지하게 머물 수 있는 힘은
자신의 이상을 향해가는 다짐이기도 하네요

배우도 사람이기에 작품에 따른 고민이든,
생활의 스트레스로 인한 우울감이든,
연기와 상황을 피해 갈 수 없고,
스스로를 위로할 그 무언가가
절실히 필요했다는 생각을 했습니다

배우 문소리 님과 배우 하정우 님은
선명한 역할과 단단한 연기 사이에서
근사한 프로필을 채우셨던 분들로 기억되는데 말입니다

말 없는 오늘을 보는 순간
예술과 현실의 경계에서 의미심장한 고민을
해야 할 시기가 아닐는지요

산에서 만난 사람들을 찾기 위해서
알 수 있는 목소리가 들렸습니다

저녁을 즐기는 마음으로 위로를 받게 되기도 하네요

영화 [여배우는 오늘도]의 색감과
영화 [가족의 탄생]의 색감을 연결해보기도 하고,
영화 [롤러코스터]의 유머와
영화 [지구를 지켜라]의 유머를 연결해봅니다

눈을 감고 이어진 하얀 문장들이
혼자 흔들리다가 텅 빈 들판으로 변하기도 했습니다
그럼에도 불구하고
탈출과 사랑과 꿈을 건드리고 있는 게
욱여넣은 이야기라고 믿겠습니다

거리에 대한 관찰을

마비된 손으로는 아무리 헤엄쳐봐도
바다로 갈 수 없더랍니다

학교와 가게를 구분할 수 있는
거리에 대한 관찰을 계속 나침반에 새긴다면
숨어 떠돌던 사람들도 편해질 거예요

공간이 할 수 있는 근원을
유쾌하고도 소중한 건축의 힘에 관하여
생각하고 생각하고 생각하게 되네요

하루 평가

하늘이 흐리고
바람이 선선한데
저녁부터
비가 내리기 시작했습니다

서로를
내려다보는 순간
활동적인 건드림을
바라보면서
의미하는 평가를
약속하고
가질 수 없는
하루의 조각들이 쌓여갑니다

견인 장치로 감당할 수 있는

보다 많은 사람에게
스스로의 자율성과 민주성을
생각했으면 좋겠습니다

현실적 견인 장치와 함께
이상적 견인 장치에 대한 대안을
다양하게 접근해야만
나약한 나라를 건져 올릴 수 있습니다

물론 그 범위를 감당할 수 있는 역량은
사람마다 다르겠지만 말입니다

플라스틱에 찔리면서도
기도하는 심정으로
항상 같은 곳에 있어요

Part 2.

청춘의 아침

누군가 쓰다듬는 지리의 힘에서

나라가 발전하는 계기도 우연인 거 같아요
길거리에 다니고 있던 역사의 편린이
시각화된 느낌도 있었습니다

조심히 잠수함도 같이 이동하는 사이에
밤이 오듯이 아무것도 안 보입니다
현실에 없는 지역에서 하얀 종이가 있잖아요

정말 중요한 것은 어느 순간에
함께하는 상식들이기도 했습니다
무시무시한 역사를 경험한 세상도
창가에 앉아 회복할 수 있다는 거지요

서로에게 찾아온 우연한 기회와 자원들을
유지하게 위해서는 분리하는 연습이 필요했습니다
결국 좋은 위치든. 나쁜 위치든.
자연 속에서 살아갈 수밖에 없지만
반복되는 질문이 변하는 지점을 이해해야 하더라고요

성공을 만드는 기운은
밥을 먹으러 온 그날에는 안 보입니다
가물거리는 지난한 현실에서
주어진 길을 터주는 요인이
익숙한 경제성이라는 게 아쉽기도 해서요

살아 움직이는 지리의 그늘은
고통의 새벽으로 완성되기도 하니까요

미지의 꿈들을 싣고 땀 흘리던
숨소리는 어느 아침에 있었습니다

최근 영화 [버닝]을 보면
시대의 근원적인 분노가 예술로 표현되잖아요
종수에게 꿈의 역할에 대한 간담회라도
있었으면 상황이 달라졌을까요

영화 [카모메 식당]처럼
영화 [타인의 삶]처럼
책 [얼굴 빨개지는 아이]처럼

누군가 쓰다듬는 지리의 힘에서
다시 감사한 예술의 힘을 실어옵니다

청춘의 아침

정치적인 관점이든.
철학적인 관점이든.
문학적인 관점이든.
서투른 창이라도 감싸 안아야 하는
진심의 중요함을 깨닫게 됩니다

대부분의 사람들은
진짜와 가짜를
구별할 수 있는 힘이 약하니까요

살아 움직이는 청춘의 그늘이
푸른 고통의 새벽으로
완성되는 것보다
환한 기쁨의 아침으로
완성되었으면 좋겠습니다

꽃방

일요일에는
엄마와 손을 잡고
구원을 위해 잊어버렸던
노래를 불러봅니다

팔은 아프지만
점점 신명이 납니다
육지의 문을 잠그고
나갈 수 있는 이 방은
슬픔도
한 무더기 꽃잎으로
변해갑니다

알고 있던 초대가 사라지기도 하고

금요일에 귀를 기울이면
손자국 같은 이름을 만날 수가 있네요

뱀파이어가 어느 지점까지는
우리 가까이 있는 존재이기도 하지요
자신을 요약하는 피를 마시고
잘 섞이지 않는 분위기를 지우기는 어렵습니다만
어울리는 고독이 좋을 수도 있을 겁니다

깊은 사랑이 커지다 보면
알고 있던 초대가 사라지기도 하고
기다려왔던 옛날이 다시 오더라고요

영화 [렛미인]의 오스칼과 이엘리는
진지하게 눈 위에 쓸 수 있는 마음을 보내잖아요
한때 무너진 것들을 보호하기 위한
내면적 의지를 일깨워주는 느낌도 있었습니다

시간의 친구들은 내가 네가 되는 신호를

가슴으로 보낸답니다 (잠시 울컥했어요)

그대의 집을 구하는 사건에서
벽장 속에 사는 어떤 소문이 생각날 수도 있습니다

흔들리는 샘물

멀리 나아가는 가슴에서
강물이 된 우물과
흔들리는 빛을 볼 수 있습니다

이십 대 청년들과
팔십 대 어르신들
함께 만나는데
그때까지 절벽에서
버스를 운전하는 꿈으로
다시 답변을 만들어봅니다

샘물을 돌돌 흘려보내세요

미안하지만 영성에서 빌려온 언어로

소설 [박사가 사랑한 수식]을
영화 [양들의 침묵]을
영화 [쓰리빌보드]를
시 [유언: 윤동주 제]을
남길 수 있어 감사하다는 생각도 하게 됩니다

오늘은 익숙한 동네를 다녔는데
부서지는 진심이라도 연결되면서
접근하기 쉬운 라인이 많이 생겨야 되겠더라고요
귀를 기울여 흔들렸을 한 호흡을 상상해봅니다

접근하기 쉬운 한 호흡으로

책 [파과]와 여행 가기 위해서 노력을 했습니다
살인하는 사람을 외부가 아닌
내면에서 이해하는 지점들이 좋았습니다

혼자서 글을 보는데 멀어지고 싶은 거예요
무릎을 치는 어느 위치에서
한자들 뒤를 따라갔습니다
가장 신선한 가지를 향해가는 햇살이 있더랍니다

마음은 늘 내일을 살고 있어서
죽음을 불러내는 그림자가 보이거든요
우연과 마주칠 때 공교롭게도
동그라미 과일들이 나옵니다

더러움에 근접하는 삶도 있지만
고스란히 버리고 다시 6시 이후에
얇아지는 상대도 있거든요
파괴의 계단이 어디 있는지 몰라서요

최근 이어령 선생님의 말씀을 듣노라면
아직도 지성에서 영성으로
가는 길이 힘들다고 하셨습니다

가로막힌 아날로그는

갑자기 눈앞에서 시작되는 거대한 세계를 알고 있습니다
달려도 달려도 끝없는 거리를 봤거든요
가까이 있는 사람이 동시적인 사연을 견디게 합니다

빛과 어둠이 함께 있는 방향을 모르기 때문에
감정의 설명이 많아질 수도 있어서요

좀비의 사다리가 이동하게 되면
사람의 존엄을 지킨다는 게 쉽지 않습니다
움직일 곳과 멈출 곳을 구분하지 않고 다가오잖아요

책 [살아남은 자들의 용기]도 생각났습니다
생존의 매뉴얼이 바깥으로 전해지기까지
육지의 문을 잠그고 나갈 수 있는 열쇠를 찾아야 한답니다

좀비 영화를 영화 [본 시리즈]와 연결해봅니다
어디에 있는 말을 하나씩 얹으면 정보가 많아지거든요
이웃들이 늘 망설이는 마음 한복판에 있더랍니다

영화 [부산행] 노숙자의 장면은
감독의 의도이든. 그의 진심이든.
관객의 착각이든. 관객의 편견이든.
(확증편향이라는 용어가 있지요)
기다리는 다섯 개의 고인돌 같은 것이
가슴에서 가슴으로 스며드는 지점도 있으니까요

그의 얼굴을 보면서 영화 [혐오스런 마츠코의 일생]에서
마츠코의 고백도 불현듯 생각났습니다
가로막힌 아날로그는 손가락에 매달리는 방법밖에는 없습니다

신념, 책임이라는 가치도 중요하지만
사람이 정신적이고 육체적인 존재임을
자각하여 좋은 삶의 과녁을 향해
노력하는 게 필요하겠습니다

아직도 건드리는 비전이

소설 [파과]의 조각이라는 인물의 그늘을 마주하게 되네요
반가운 대화는 다시 만나기 위해
신고를 하게 되고 관계라는 게 없어집니다

우두커니 서 있는 사람들에 대한
성사되기 어려운 감정들이 느껴졌습니다

외로움이든, 괴로움이든, 체념이든,
쓸쓸함이든, 안타까움이든, 관조함이든,
사랑 비슷한 방식으로 알고 하는 어떤 선택은
'늘 가슴에' 이름을 '순환시켜주었습니다'

텅 비워놓은 얼굴을 닦는 것이 두려운 거예요
중요함을 모르는 관계가 어긋났을 때
어둡고 습한 치료를 천천히 하면서
무작정 속에다 새기기로 했습니다

- 둔탁한 우리의 보람을 확인해요

그러니까 소설 [스토너]에서 소설 [핑거스미스]의
웅얼거림에 대한 화두처럼

수 없이 무너지는 마음을 경험하고 울면서도
내 인생의 이야기를 계속해서 쓰고 읽는
마음이 어떠한지 알기에 뭉클한 거지요

가득 차 있는 빛 때문에
아직도 사랑과 예술을 건드리는 비전이 있습니다

- *만나게 되니까 감사합니다*

인생 공간

바닥은 넓을수록 좋고
지붕은 높을수록 좋고
벽은 낮을수록 좋고
창문은 많을수록 좋고
문은 적을수록 좋고
계단도 적을수록 좋고

햇살의 신화

그해의 강가에 있던 사람은
언제나 슬픔을 잃지 않고
한 장의 음악으로 남았습니다

커튼의 신화든
코스모스의 공포든
창문의 아버지든
유리로 만들어진
저녁 햇살을 만들어봅니다

죽음이라는 골대에

마지막 순간까지 죽음이라는 골대에
몸을 던진 인물들에 대한 이야기가 있습니다
고민하며 진실로 아파했던 궁극을 볼 수 있더랍니다

현재의 사람들이 그들을 기억하는 이유는
한계를 돌파하는 울분 같은 게 있거든요

비극의 소용돌이로 이어지는 선택을
알고 있기 때문에 마음의 색감이 찬란했던 거지요
시간이 지날수록 아무도
인정하지 않던 일을 지키려고 합니다

역사 한 조각을 덮어주는 등을 보여주며
여기까지 이어지는 순례는
한 사람의 유머를 통해서 열렸습니다
반복해서 유사한 결합이 무엇인지 생각할 때,
가슴으로 순환하는 이름을 만날 수 있으니까요
마지막 예산이 정돈되어서
밖으로 나간 말과 안으로 들어온 글을

무작정 예술에 새기기로 했습니다

- 인생을 함께한 두 명처럼 너무 잘 맞네요

영화 [그린마일]의 존 코피와 폴
영화 [초록물고기]의 막동과 미애
영화 [웰컴투동막골]의 리수화와 표현철까지

유기적인 방식으로 어떤 경계는
멀리 나아가는 창문에서
돌아올 계단으로 배웅합니다

생명은 빨간색이든, 검은색이든,
안경을 '비스듬히' 받치고 있습니다

나 아닌 사람의 행복과 안전을 위해

오늘은 봉사활동을 하는 학생들과
지난달부터 약속을 했던 만남을 강행하였습니다

약속하신 어르신은 어제도 연락을 주시면서
태풍까지 오는 날씨 때문에 걱정을 많이 하셨지요
비바람 부는데 괜찮겠냐고 염려해주시는데
그래도 약속을 드렸으니 가겠다고 말씀을 드렸습니다

옷이 다 젖을 테니 폐를 끼치는 것은 아닐까
봉사활동 장소와 시간을 미리 알렸던
학생들은 무사히 도착할 수 있을까

전하고 싶은 물품들도 있는데 번거롭지는 않을까

안에서 마무리하는 일과
밖에서 하는 일의 효용을 생각한다면
일정을 취소하는 게 맞았습니다

그런데 결국 약속된 장소에 가서

약속했던 분들을 만났습니다

가끔은 몸보다 마음이 걸려서
나아가지 못할 때가 있더라고요
삶을 훈훈하게 연주하면 좋겠지만
그렇지 못할 때가 많을수록 극진함이 필요하거든요

그곳에서 만난 분들 이토록
소소한 만남에 고마워하셨어요

에어컨이 설치되어 있지만
제습 기능 사용법을 모르시는 거 같아
리모컨을 시범 설명해드리고
조심하라는 당부 말씀도 해드렸습니다

무사히 일정을 마치고
사선으로 쏟아지는 빗줄기를 맞으며
마을버스에 탔을 때,
학생들도 기분이 좋아 보였습니다

지나고 보면 즐거운 추억이 될 수 있다고요
나 아닌 사람의 행복과 안전을 위한 길은 멀어도
참 좋은 생애라는 생각을 해봤습니다

손가락을 수호하는 불을 붙이는데

예술 근처를 비벼대는 마음이 느껴져서 좋습니다

없어진 사람들이 남긴 폰트를 통해서
만들어가는 이상한 정조가 있습니다

익숙하지 않은 기차를 두 번 세우는데
서로 다른 시간과 공간에서
울고 웃는 일을 경험하며 잘 그릴 수 있더라고요

[영화]가 오늘이 고달파도 보람찬 내일에 대한
희망일 수도 있어서요

문제를 설명하는 바깥을 보게 되면
가까운 이름들을 많이 씁니다
위로 긴 상상들은 연대의 본질로 나눠 있는데
이야기의 근원이 보이기도 하더랍니다

어김없이 내일로 가는 지도는
가로보다 세로가 중요할 수밖에 없는

기억의 다른 이름이기도 했습니다
앞을 보고 옆을 보는 사다리는
지하로 가는 방법을 알려줄까요
반복적으로 일렁이는 정면을 바라보면
짐짓 즐거운 날은 그리움이 되기도 하거든요

영화 [그랜드 부다페스트 호텔]의 향수를
영화 [브루클린]의 향수와 연결해봅니다

그 사람들이 끌어당기는 표정을 직시해가며
바닥에는 풀이 돋아나던 어느 날
벽만 혼자서 너그러운 말을 하고 있습니다

추억은 곧 추억으로 주저앉기에 마음을 달래며
그 길이 드러나는 대답은 아무도 모릅니다

손가락을 수호하는 불을 붙이는데
시점을 옮기는 것만으로도 긴장감을 계속 주네요

두 눈을 감기 전에
희미한 사랑의 노래에 기대어봅니다
다음 세대를 위해 쓸 수 있는 진심을
입체화할 수 있는 영화가 있어 감사한 날들입니다

붉은 낙엽이 가득한 곳을

감정적 증거가 있는 듯한 순환이 좋게 들립니다
세상은 찾아가는 필터 같은 거예요

영화 [마더!]의 그가 유사하게 만든
집도 가장 비루한 일상에서는 중요해집니다
편안하게 잘 수 없는 곳에서 스스로를 지켜내기 위해
얼마나 노력해야 하는 걸까요

삶을 주워보려 애쓰는 마더의 모습에서
르윈의 모습을 상상하게 되더라고요
자포자기할 수밖에 없는 상황이 펼쳐지면
삶이 걸어오는 표정을 신뢰할 수 있는 사람은 드물 거예요

다만 붉은 낙엽이 가득한 곳을
보게 만드는 근원은 사랑의 정서에 있더랍니다
시간과 공간을 정복할 수 없지만
지구 한 모퉁이에 담겨있는 아름다움을
발견하는 일은 가능해서요
우연히 만난 사막을 나눠봅니다

우리가 끌고 가야 하는 목소리는 무한을 쥐고,
무지개 앞에서 소멸하는 그날까지
혼자 걸어가지만 먼 길에서 한곳으로 모이는
본질을 믿기에 계속 버티는 거예요

마더도 서 있을 때가 많고,
르윈도 서 있을 때가 많아 안타까움이 있었지만
겨자색 컵으로 물을 천천히 마시며
다시 세상 쪽으로 무심히 쉬어갑니다

흔들리는 달나라에서

여행을 하는데 잊혀졌던 꽃과 무관하지 않게
해석하는 상대가 있습니다
말 못 하는 힘을 통해서
별들의 죽음에 대해서 쓰기만 하면 됩니다

일곱 번만 살던 사람들은
우연히 미루어 놓은 하늘의 말을
선정하는 기준이 있더라고요

클림트처럼 자신을 내어주고
느리게 만들어가는 예술은 늘 고독하지요

인간관계든. 역사든. 친구든.
고독과 탄식과 모순이 사전에 변하잖아요
녹록지 않지만 어렴풋하게 흩어져있던
감사함을 자면서도 모을 수는 있더랍니다

서서히 죽음을 그리는 동안
사람이면 세상과 연결할 수 있는 건드림이 있거든요

책 [클림트]의 키워드는
사랑의 문과 예술의 창이 열리는 시점으로
처음부터 만족할 수 없다는 생각도 하게 됩니다

영화 [복수는 나의 것] 집과
영화 [인셉션]의 집과
클림트의 [정원]을 계속해서
바라보는 마음을 이어가고 누르기 때문에
무작정 황제의 원반에 새겨봅니다

- 복수가 아닌 단수 호흡이 좋습니다

이미 선택된 운명의 바코드처럼
결정된 것인 많은 삶과 일상인 것 같지만
둘러보면 아닌 것도 많을 거예요

흔들리는 달나라에서 지도를 팔아요

허약한 시대의 살결을 현미경으로

알 수 없었던 사건들로
앞으로 나아가는 장면들을 연출하게 되네요
진짜 질문은 사람에 따라서
구분하는 선이 될 수도 있고,
정의감을 붙잡고 있는 꿈이 될 수도 있어서요

한 사람의 넓이와 한 사람의 깊이로
본격적인 진실을 알아가는 깊은 슬픔도 있더랍니다

영화 [암살]의 안옥윤은 희망의 참혹함도 알고
인생에서 죽음이 한 번 간 뒤에
아침이 온다는 걸 알았을 겁니다

정리할 수 있는 심장이 어딘가 모여 있는데
순간의 호흡으로 포옹하게 되거든요
차갑게 얼어가는 방을 총 대신 펜으로
전달하는 마음이 느껴졌습니다
피할 수 없는 무기력함은 아니지요

현황에 대한 감성은 사라지고
현황에 대한 분석만 점점
커지는 것의 경계도 필요합니다
영화 [마더]의 들판과
소설 [달밤](저:이태준)의 달은
허약한 시대의 살결을 현미경으로
보게 하는 힘도 있지요
멀리서 보내준 유리문을 웃으면서 만나잖아요

융융함을 전제로 한 체험을 해야 합니다

굳게 닫힌 쇠문이

예술의 시간이 지나서 현재를 사는
사람들은 믿음이 불완전하기 때문에
얼굴이 보이지 않습니다

잠시나마 예술의 에너지가 사라진
그 도시의 새벽을 맞이하려면
어떻게 해야 하는가 고민도 해봤습니다

세 개의 그림을 갖고 있는 누군가가
한 발 정도 앞서가면서
저 너머를 보게 하는 구분도 가능해지거든요

버티기 힘든 호숫가에서
바깥에서 굴러가는 사람들은
언젠가는 관습과 장식성을 쓰러뜨립니다
익숙함을 주면 새로움을 받고
안 좋은 표정을 주면 좋은 표정을 받고
2018년 여름을 주면 1964년 겨울을 받고
모순된 방 하나에 모아서

남아있는 구원을 넓게 펴서 바르는 겁니다

작품 [유디트]와 영화 [쓰리빌보드]를 연결해봅니다

바로 옆에서
숨도 쉬고
눈도 깜빡이고
흔적도 남기면
굳게 닫힌 쇠문이 열리거든요

서늘한 비극적 이야기라서
오래 머물기 어렵습니다만
절실하게 미뤄두었던 길을
주파수 맞추면서 갈 수도 있더랍니다

다른 삶이 오기로 한 골목마다
모든 지름길을 돌아볼 수는 없습니다

다만 아름다움이 파편화된 시대일수록
안개의 침묵을 자세히 살펴봐야 하겠습니다
(클림트의 스케치는 희미해서요)
홀로 유리를 닦는 사람의 입김을
꾸준히 생각했으면 좋겠습니다

마스크를 부각시키면서 만든 이름으로

도솔천에서 내려온 공중전화를 통해
활동 문제를 해결해야 하거든요

나직한 신호를 주고,
3분 안으로 들리는 멜로디가 이어집니다
모든 지름길을 돌아서 바꾸는 느낌이 있습니다
천천히 구부린 무대 뒤에서
외로운 소리를 너무 많이 쓰는 거예요

영화 [미션 임파서블: 시리즈]에 단헌트와
영화 [혹성탈출] 시저는
테마를 안고 있는 비중이 크잖아요

질문은 하나의 세계이고,
해답은 하나의 세상이네요
세계와 세상의 차이는 종species에 있었습니다

마스크를 부각시키면서 만든 이름으로
결국엔 지나온 만큼 잘 살렸어요

높이와 깊이, 조난 등 악전고투의 상황에서
에단헌트가 살아남을 수 있었던 것은
예측 불허한 의지라는 생각도 하게 됩니다

아직도 밝고 뜨겁게 타는 작전은
단순함에서 다시 복잡해지니까
새롭게 이룰 수 있는 사연들을 쓰는 거예요
저녁이 던지는 마음을 지키다 보면
긴장감만 주다가 미처 숙제를 다 풀지 못한 것처럼
아쉬운 부분이 부각되기도 합니다

그럼에도 불구하고
날이 가고 날이 오는 먼 세월을
곤소금 뒤집어쓰고 버티는 거지요

존재감 있는 작가와
마주치기 위해서는

파란 숨기운도 어려운 부분이 있는데
최동민 작가님께서는 꾸준히
녹을 제거하는 마음이 느껴지네요

문학은 비스듬히 믿어주는 지향과
현실을 받치고 있는 질문이 있습니다

3개월마다 도와주는
사람이든. 동물이든. 이야기를
연결하는 경험 자체가 제일 힘들잖아요

감정이 완성된 위치까지
넓어지는 생각을 할 수도 있더라고요

소설가가 눈을 감더라도
뒤에 있는 노래를 안내해주시데요
떠난 사람들은 관심이 떨어지니까
기본적인 고민이 있었습니다

주파수를 돌려봐도 기분 좋은 장소는
쉽게 문을 안 열려서요
영화 [라이프 오브 파이]의 소년 파이가

아무리 헤엄쳐봐도 나아지는 일이 힘들거나
아버지보다 빨리 지칠 수 있지요

영화 [문라이즈 킹덤] 샘과 수지가
기나긴 밤을 새운 산만한 시간이
우리에게는 아름다운 자취로 남을 수도 있겠습니다

아주 오래전 장미꽃이 채워드리고 있습니다
한 송이 두 송이 세 송이_
듣기 좋기 때문에 막무가내로 피어납니다

자료가 많은 나아감의 조건을
정리하는 기회는 필요해요
존재감 있는 작가와 마주치기 위해서는
달라질 수 있는 간절한 진심을 기억해야 합니다
(조지 오웰과 타르코프스키의
미학적 접근 동기가 새삼 뭉클하네요)

진짜 싸워야 하는 주체가 이웃이 아니라

시대의 문제의식을 기록 속에서 집중해 봅니다
문득 흔들리는 시선이 생각나서요

얼마나 많은 편견이 있었는지
선수들은 경기를 열심히 하고,

신념적으로 보수의 주변인지
내면적으로 진보의 중심인지
여러 가지 고민이 있었겠지요

여전히 바뀌지 않는 벽 앞에서
찾았던 것을 다시 잃는 이유는 잘 모르잖아요
인생이 시원해지는 꿈에 다다르기 위하여
얼마나 많은 기준들을 관찰해야 할까요

영화 [보리대매켄로] 멕켄로의 인정 욕구와
영화 [위플래쉬] 앤드류의 인정 욕구를 연결해봅니다

공으로 훌쩍 날아오르는 빌리진 킹이라는 인물은

기본적이고 상식적인 질서를 이루는 그날까지
슬하에 그림자 시계를 가지고 있었더라고요

앉아있을 때 일어나야 하는 삶은
희망이자 절망의 작전이기도 해서
가슴이 뻐근해지기도 했습니다
다만 코트와 네트와 사랑과 우정의 씨앗이
관심 있는 영화에서 반짝하는 거지요

저는 왼손잡이였고,
진짜 싸워야 하는 주체가 이웃이 아니라
스스로임을 알고 있어서요

과연 안과 밖의 소실점을
정확히 알고 있는 사람이 있을는지요

그럼에도 불구하고
서서히 펴져가는 희망이 있고
액션action이 선명해지는 것도 사실입니다

이상에서 현실을 붙잡을수록
생각지도 못했던 지점에서 운명의 틈이 커집니다

사회적 목표든, 인생의 부조리함이든,
개인의 기질적 성향이든,
가면 갈수록 서스펜스가 쌓이지만
진짜 두 사람이 만나는 지점이 있습니다

미완성 속에서도
환한 웃음으로

생각의 기차를 타고
아버지의 유행가를 부르며
꿈이 열리는 원리를 찾아야지요

힘없고 슬프게 중얼거리는 동안
저 안에 달은 둥글기도 해서요
애니 [인사이드 아웃]과 애니 [코코]에서
사랑하는 사람을 위해 보내는
신호의 의미는 너무 아름다워요

조용히 안아주는 일은
세월의 숲에서 쉬는 것이기도 했습니다
이미 오래 먼 길을 걸어온 사람들이
그립기도 하고 마루 끝에 주저앉은 하늘이
신발처럼 느껴질 때가 있지요
애니 [코코] 제목의 의미는
단순화시켜야 가능한 결정들은
미완성 속에서도 환한 웃음으로 빛나고,
잊지 못할 위로의 눈을 내리게 합니다

앞에서 볼 수 없었던
신포도를 닦는 것은

구석에 있는 봄을 어루만지며
부지런히 달아나고 싶은 말을 지켰던
누군가를 떠올리면 가슴 뭉클하기도 해서요

작가란 오랫동안 난처했던
사람들인지도 모르겠습니다

글 쓰는 일을 하는 사람들은
노출된 혼란 속에서도 삶에서의 다양한 가치를
꾸준히 끌어안는 연습과 훈련을 했던 거지요

영화 [지니어스]를 생각해봅니다

집, 서점, 기차 안, 숲길, 호수 끝에서
정확하게 믿음을 주는 진지한 관계는
벽을 보며 잎사귀 거래를 하잖아요

앞에서 볼 수 없었던 신포도를 닦는 것은
각성을 통한 호흡이기도 했습니다

흔들 수 있는 이름을 여우와 바꿀 수 없으니까
혼자 드라마틱한 자신을 만들어가는 겁니다

막혀있는 버스에서 별을 보았다면
공 한 번 못 치더라도 세상을 터치할 수 있는
글을 다시 세상으로 전하게 되니까요

공장의 보라색 연기가 심해서
폐교 위기인 학교를 자진해서 간 선생님도 있고,
치매 아내와 정신 장애인 딸과
함께 사는 소상인도 있습니다

사랑은 주면 줄수록 커지기도 하고,
상대에 따라 작아지기도 하지요
분명 받아들일 수 있는 기억은 한계가 있습니다
죽음을 감시해온 길들은
점점 나의 많은 것을 가져가기도 합니다
그럼에도 불구하고
영혼의 성장을 위해 노력하는 삶이
아름답다는 걸 알기 때문에
희망과 절망을 예술로 교직하고 있습니다

유연한 편집도

글자라는 게 종이 창문이라는 생각을 합니다
돌리면 돌릴수록 낡아지는 집의
한 모퉁이가 깨끗해지려면
우리가 알고 있는 글자들이
얼마나 자주 거리로 흩어지고
깊은 주름이 있어야 할까요

막혀있는 버스에서 별을 보았다면
공 한 번 못 치더라도 세상을 터치할 수 있는
단어로 다시 세상에 전할 수 있으니까요

결론까지 가는 서늘함이든.
행간이 없는 어두운 시선이든.
아니면 통제할 수 있는 푸른 마음이든.

그냥 좋은 대안을 찾기 위해서
유연한 편집도 중요해서요

언어의 변화에 대한 광풍은

밤의 한숨 때문에 사라지기도 하지요
아직 죽지 않는 언어의 조각들을
정리할 수 있는 기분 좋은 장소를 기다려봅니다

마음의 지뢰를 제거하는 순서는

질문하는 피아노를 치면
선명한 믿음이 오가더라고요
처음부터 끝까지 기억하는 표정이 있습니다

어디가 중요한지 어슴푸레하게 과거로 넘어가고
알고 싶은 지도를 그린 이야기를 떠올리게 되거든요
그런 식으로 들어가는 순서가 좋잖아요

사랑의 본질적인 크기를 말할 때,
뭐가 다른지 알기는 어렵습니다

우정으로 공간을 품어왔던 이유가 있고
기약은 없지만 진실보다 이해가 중요할 때가 있습니다

번개가 오기로 한 복도를 따라서
오랫동안 아플 때 감정들의 연습을 하는데
무너지는 지점에서는 아무도 없는 경우가 많아서요

사랑을 가르는 자장이 강하면

서서히 시간과 공간이 해체하게 되지요

추락하는 풍경을 자세하게 보여주는 과정은
본질적인 슬픔이 있습니다
마음의 지뢰를 제거하는 순서는 상대적이니까요
남아있는 연인들의 돌이킬 수 없는 선택은
어디가 중요한지 모릅니다

문득 영화 [쥬드]의 장면들도 떠오르네요
잃은 것을 찾는 동굴은 못 들어가요
다만 구조와 무관하게 더 열심히 묻습니다

위안을 얻을 수 있는 볼륨을 높이면서

영화 [비틀즈 에잇데이즈어워크]와
영화 [서칭포 슈가맨]은
전 생애 동안 예술의 세계에 대한
근원적인 질문일 수도 있습니다

위안을 얻을 수 있는 볼륨을 높이면서
단단하게 숨겨진 시기를 발견하게 되고
우연한 기회로 가슴이 뛰었을 거예요

아직도 대조가 되지요
황금빛 조명을 받은 소문이 들리기도 하고,
저 너머의 문을 열심히 두드려보는
그들 또는 그가 되기도 합니다

차를 타고 가면서 풀어가는 마음으로
음악을 붙잡아 완성했겠지요

유명이든. 무명이든.
소망하던 것을 펴지게 하는 지점은

실패하더라도 그 주변과 함께 밝아지거든요
길을 걸어가는데 대체할 수 없는 행복감을 알고 있습니다

영화 [빌리 엘리어트]의 도전과
영화 [굿윌헌팅]의 용기를 떠올려봅니다

알지 못하는 그 사람의 말을 듣고
그림자가 끝나는 정보만으로
먼 길을 시작하기 때문입니다
실수를 해도 살아냈던 마음 한복판으로
그냥 스스로 반영의 풍경을 들여앉히는 거예요

언젠가는 유튜브도 없는 공간에서
쟁쟁함이 아니라 명명함으로
살아남을 수도 있습니다

괴짜 영화감독의 신명이 즐겁더라도

영화 [에드 우드]를 보면
영화의 진짜 주인공은
벨라 루고시가 아니었을까요

그의 직업의식, 삶의 쓸쓸함과 공허함,
잠깐씩 찾아드는 기쁨들,
새벽부터 저녁까지
그 무엇이 찾아오든 감사하게
노력하는 모습은 정말 감동적이었습니다

차가운 무늬만 있는 삶은 재미없어요

언젠가는 가장 편안한 둥지로
되돌아갈 수 있다는 상상을 하면서
꾸준히 건축과 현실을
오고 갈 수 있다는 게 얼마나 축복인가요

자신의 집 앞에서 꽃과 입맞춤하는 장면은
사랑은 곧 사랑으로 주저앉는다는 깨달음과

같은 것이기도 했습니다

저 홀로 없어진 꽃은 아무도 모른답니다

서로가 연결된 벽마다

어두운 속성이 전달되지 않습니다

상황의 보폭에 맞춰 균형을
지켜나가는 마음이 있습니다
가까스로 두 팔을 벌려 껴안아 보는 목표 지점은
주인공이 인간인 곳에 흩어져 있었습니다

불가능에 도전하는 자유의지는
모든 상황을 통제받는 몸이 아니라
열심히 활동하는 영혼으로 얻게 되는 건
아닐까 하는 생각을 해보았습니다

사람마다 능력이 다르지만
가지고 있는 것을 포장하는 욕망이나
만들어진 편견을 어렵지 않게 다루잖아요
성실한 손과 발로 안간힘을 쓸 때,
아흔아홉 명이 서로가 연결되어
건너갈 수 있고 예술이 등대라는 공식을
눈 깜짝할 사이에 만들어 벽마다 계속 돌고 있습니다

슬픔이 낫는 날

머나먼 추운 바닥에서
홀로 유리를 닦는 사람의
빗방울이 숨을 쉽니다

어머님의 입김과도 같은
추억의 자막 속을 헤아리면

하얀 바다가 가슴을 열고
가을로 흘러가는 꿈을 꾸면서
슬픔이 낫게 됩니다

반가움으로 어떻게 변하는지

허공을 향해 견딜 수 있는 감정으로
함께 다짐하며 지나온 일들이 있어요

불완전할지라도 언어의 차이를 극복하며
동시에 열매가 떨어지는 하루가 있습니다
가슴에 사무치는 소리는
울음소리가 고요해질 때까지
비밀을 덮을 수 있는 말을 쓰고 싶어서
귀를 기울이기도 하거든요

영화 [원더스트럭]
애니 [목소리의 형태]

무너지는 시대가 영화처럼 보이기도 하고,
숫자를 표현할 수 없는 그때와 비슷해지는 거지요
허공을 향해 견딜 수 있는 감정으로
함께 다짐하며 지나온 일들이 있어요

불완전할지라도 언어의 차이를 극복하며

동시에 열매가 떨어지는 하루가 있습니다

하얀 도구로 탐험하는 목적은
세상에서 가장 가벼운 등불을
들고 걸어가는 것과 다르지 않았습니다

살아가면서 많은 것들이
뒤집힐 때도 있겠지만
슬픔이 반가움으로 어떻게 변하는지
동그랗게 아름답게 시간을 쌓아봅니다

별바라기

죽어가는
검은 손이 아닌
푸른 손을 가진
사람들을 위해
별을 쳐다보는 시간이
많아졌습니다

Part 3.

그 사랑

다르게 보이는 안경은

복수라는 감정은 쉽게 떠나지 않기 때문에
마음이 불편한 경우가 많습니다

뿌리가 있는 깊은 질문으로
복수할 상대의 손을 잡고 있기 때문에
박수를 치는 수식은 점점 복잡해지고
맨발 벗은 사람을 보게 되기도 하지요

안락함을 거부하며 번번이 도움 되는
펴 올린 일들이 있었지만 열 길 사람 속을 모릅니다
삼 일이 지나면 의미가 없어요

누군가를 미워하는 마음은
까마득한 밤길을 혼자 걷는 것과 같습니다
한 번 스쳐 가는 우연의 활에도
상처받는 존재가 사람이기도 해서요

바람 부는 길목에 오래 서 있으면
지구의 커피가 깃털처럼 거리로 흩어지기도 한답니다

가장 평범한 음식으로 긴 기간 동안
가슴에 지속될 수 있는 그림도 있습니다

우화로 쓰일 수 있는 이야기는
영화 [셰이프 오브 워커]의 계란으로 연결되기도 하더라고요

아무도 알지 못하는 복수의 형태는
숨어 떠돌던 모래일 수도 있고,
결과를 위해서 다르게 보이는 안경일 수도 있겠습니다

복수심으로 소중한 시간을 잃게 되는 어리석음을
반복하지 않아야 할 텐데요
성찰이 수없이 무너지더라도
다시 내가 서 있는 위치를 확인해야 합니다

굽힐 수 있는 언덕을 구부리는

여행하다가 고인 물이 있는 걸 알고
사소한 곳에서 작은 모자를 썼는데 말입니다
무고한 사람들 사이에
보고 있던 버스가 충돌하는 시기를 몰랐습니다

운명과 관련해서 눈 깜짝할 사이에
삼키는 이유가 있었던 어려운 결말이 좋은데요

영화 [덩케르크]의 원칙주의와
영화 [설국열차]의 권위주의가
잘 어울리는 표정을 보고 있으면
이룬 것이 적은 자일수록 다짐은 비장해지지요

독선의 광풍에 사라진 역사의 한숨을 떠올려봅니다
선의 반대가 독선이라면 독선도 악인 겁니다
후퇴라는 걸 해 본 적 없는 사람이
어떻게 콰르텟을 연주할 수 있을는지요

굽힐 수 없는 언덕을 구부리는

절차 자체가 올바르지 않습니다
영화 [뻐꾸기 둥지 위로 날아간 새]
맥머피의 마음을 읽으시려는 시도를 하게 되네요
자유란 아무것도 보이지 않는 관계 속에서
꾸준히 연결고리를 찾아가는 과정이더라고요
둥지에 어미 새가 있으면 아기 새가 있듯
생명력이 있으면 기쁨이 찾아오지요

눈을 감은 말과 의미 없는 글은
꽃이 피어서 봄맞이하는 곳을 따라가지 못합니다

장벽이 없어진 자리에
여는 괄호와 닫는 괄호가 필요합니다

푸른 시선

사이사이 들어가는
가장 인상적인 대화

익숙한 것을 전하고 싶어서
아래로 내려오는 사람은

넘어지고 쓰러지고
어제와 오늘과 내일
갈대만큼의 잠

동그라미 다짐

이상세계와 현실 세계는 분명 다릅니다

시작하는 단계에서
수많은 시행착오를 거치다가
실제적인 성취와는 멀어지고
일상에 매몰되는 경우도 있을 거예요

두드림으로 나와 세상을
연결할 수 있는 소리가
근사하게 구현되는 상상을 하게 됩니다

세상에 대한 선량한 호기심과
소망을 담은 꾸준한 노력으로
함께 빛 동그라미를 만들어 나갈 수 있습니다

초인이 없더라도

복수와 용서를 구분할 수 없는 세상을
그대로 가지는 못하는 거지요

상처를 받게 된 사람이
상대를 향한 저항에서
두 개의 받침이 걸리는 거예요

멈춰야 하는 이름을 설명합니다
이상한 낙서와 진실한 몸짓으로
돌아다니면서 오늘도 사는 길을 탐험하잖아요

내면의 악을 처치하고 싶은 마음을
지켜보면서 삼키는 과정은
삶의 조각을 달콤하게 덮어주기도 해서요

책 [나쁜 페미니스트] 같은 문화상대주의 울타리처럼
근본적으로 다양하게 묻고
사람이 할 수 있는 한계를 반추하면서
계속 미루게 되면 서로 괜찮은 신념을

천천히 수집할 수 있더랍니다

영화 [월터의 상상은 현실이 된다] 월터가
영화 [인디에어] 라이언 빙햄에게
조력하는 선택을 하는 거예요
이해되는 기억들은 만날 수가 있어요

영화 [셔터 아일랜드] 테디가
스스로 어둠 속으로 들어가서
복수를 완성하는 그림은 궁핍하지 않습니다
그 벌판의 저주를 떠올리는 일이
生의 고름을 터지게 하고
아물게도 하는 것은 아닐는지요

사람들의 분노와 복수심을 제거하는
초인이 없더라도 하나의 알림을
창의적인 그대를 통해 전달해봅니다
-점점 더 고요하게 열심히 오는 거지요

날마다 맞설 수 있는 약속으로

숙제가 많은데 혼자 해도 괜찮은 사람은 없습니다
제도의 이름으로 생각하는 것보다
함께 끌리는 그 말을 부릅니다

따라 하는 얼굴을 보게 되고
거울이 있는 방을 지키기 위해
더 아름다워지는 자유가 있습니다

용기 있는 표현이 그림엽서를 만들 수 있거든요
영화 [토니 에드만] 이네스가 바라보는
예쁜 치즈 강판으로 갑자기 주변이 밝아졌습니다

날마다 맞설 수 있는 약속으로
스스로의 햇살을 움켜쥘 수도 있겠지요
영화 [태풍이 지나가고]의 접혀 있는 세월은
시간의 발이라는 흔적들을
끌리는 꿈으로 고정시켰던 거예요

인생의 밤이 한 번 간 뒤에도

가슴으로 스며드는 낯이 오듯이

사랑의 힘으로 서로를 구원할 수도 있습니다

그때그때 맞는 수액은

마음이 살아있는 동안
열린 귀를 인정해주는
세상이 온다면
얼마나 즐거울까요

현실 자체는 항상 결핍을
지니고 있으며 그것은
존엄을 향한 이상으로
채워지는 상태입니다

그때그때 맞는 수액은
헐한 것이 없네요

시간을 사랑으로 순환시키는 만남

오늘 김탁환 작가님과 권여선 작가님을 만났습니다

그분들에게 있어 문학은 삶을 견디게 하는
첫사랑이자 마지막 사랑 같은 느낌이 들었습니다

지켜내고 싶은 세계에서 길을 찾아가는 노력은
대낮에 있는 사람이 아니라
깊은 밤 어둠에 있는 사람들이겠지요

아름다운 언어_한국어로
소통할 수 있다는 게 참 고맙기도 하네요
흐리고 조용하지만 그 무엇이든.
그 누구라도. 소중한 날들입니다

기분 좋게 가미되었던 형식이

빈 공간을 채우기 위해 필요한 것을 알게 되면
공항을 못 가고 오래된 비타민을 넣는데요
익숙한 풍경은 일부러 이름을 키웁니다

각질이 감춰지는 방에 들어왔는데
다리를 건너는 문제를 해결해야 하거든요

닫혀 있는 통조림에 스며드는 사랑은
덜 좋아하는 레시피를 받지 않아요
영화 [아이엠러브] 엠마의 수프도 그래요

혼자 입을 수 없는 세월에서
물은 이동하고 두려움으로 얼굴이 보이지 않았습니다

태풍이 멈춘 듯한 틈에서
기다리고 있던 주름진 연가가 들렸습니다
비례도 다르지만 순한 햇살이
가을 문턱에서 사물의 오디션을 그리워합니다

느리게 또 하루가 저물어가는 시점에서

기분 좋게 가미되었던 형식이 변해갑니다

약속을 기다림이 아니라 의식으로 노력해주세요

뜻깊은 책을 쓰는 사람과

소금이 떨어지고 있는 세계관을 만났습니다

신에게 벗어난 사람들이
중요하게 쓰이는 식물을 길들입니다

기억나는 집 안을 열게 하는 시간은
남모를 기쁜 소식을 깊게 만들지요

멜로디가 다 풀리지 않는 옷으로
유장한 정성의 물길을 만들어봅니다

두 개의 눈이 만나서 내보이는 사랑의 힘은
물이 가득 찬 건축물을 떠받드는 기초와도 같습니다

영화 [판의 미로] 오필리아와
영화 [몬스터콜] 코너가 찾아가는
이데아를 알 수 있더랍니다

비의 장벽이 없어진 자리에

두 개의 눈이 만나는 결정은 중요하거든요

위에서 아래로 상태를 순환시키는 이름은
새벽의 상처를 어루만지고
좁은 솔길을 걸어갈 수 있는 자격이 있습니다

영화 [셰이프 오브 워터]의 엘라이자처럼
마음 안에 사랑을 잘 쓸고 닦으면
영원의 길을 바로 갈 수는 없어도
그 길을 걷는 의지가 생겨나기도 한답니다

드뷔쉬의 달빛이 계속 맴도는 상상을 하는데
그 시절의 예술로 찾아가는 삶이 있는 거 같아요

영혼을 구출하는 일이든,
세상을 탈출하는 일이든,
가만히 있는 상태를 변주할 수 있어서요

뜻깊은 책을 쓰는 사람과 친하기도 하면서
구체적으로 어떤 마음으로 시작하는지
교감하는 선물이 있습니다

설탕을 넣은 욕조에서

사랑 때문에 설탕을 넣은 욕조에서
굳어진 손을 씻게 됩니다
유머를 담은 마가린도 다른 결이 있으면
먼지들을 피해갈 수 없었습니다

반복하던 공간을 시계 반대 방향으로 돌보게 됩니다
공기를 회전하는 사진이
느린 속도지만 라벤더 빛으로 물들어가네요

날아다니는 문장들을 잡을 수가 없는 원인이
과학적인 공기라는 게 인상적이었습니다

식탁 위에 있던 그릇 앞에서 귀를 씻고
어둠의 입김으로 저울을 건드리지 않습니다
숟가락을 보관하기 위해 둘러앉아
대화하는 관계는 살아가게 하는 힘이 있거든요

한구석의 신비는 안 건드리고
추리가 아닌 진실을 나누게 되면서

인간의 콘트롤 타워 구심점이 욕망보다
의지라는 희망이 있습니다

아직 자연현상의 끝을 직접적으로
체험하지는 못했지만
자기 마음대로 생존하겠다는 본능보다는
사회적 성찰과 환경문제에 대한 의식,
살고 있는 공간을 정리하는 능력 등의 가치가
중요해져야 하겠습니다

무너지는 세상을 보호하는 마지막 보루는
아름다운 크리스마스 카드 같은 집일 거 같아요

참혹하게 나타나는 우연 앞에서

세 개의 고인돌이 먼저 깨어나면
안 보이는 사인과 일치하기 때문에
달력 뒤로 돌아가서 점점 더 상처를 느끼는 거예요

그 사랑과 어울리는 잔상은 눈물의 리듬이 있습니다
사랑 이전에 아픈 마음을 알고 있잖아요

영화 [엣지 오브 투모로우] 빌 케이지의 비극성을
영화 [마션] 마크 와트니의 낙천성과 연결해 봅니다

의도적으로 마시는 커피는
직선적인 현재를 바꾸는 안식과 같습니다
잔잔한 언어와 가벼운 외로움은
까마득한 코드를 혼자 들어갈 때 힘이 되지요

새가 호수에서 물방울을 전달하는데
바람보다 의도적으로 흐르네요

내 발자국 하나도 식별할 수 없는

길 위에서 살려낼 수 있는 진심은 무엇인가?
라는 질문을 스스로에게 던져보기도 합니다

저는 지나가는 행인이었고,
어울리는 관계는 아니지만
굳어가는 세상을 지켜주는 노력을 알기에
무모하게 죄송하고 감사더랍니다

사랑하는 사람들에 대한
책임이 있기에 가능한 여정들은
점점 더 넓어지고 가까워집니다

참혹하게 나타나는 우연과 운명 앞에서
내 삶을 증명하는 연습 횟수는 알 수 없지만
창문을 열고 대답하고 싶습니다

- 그래도 하하!

사랑이라는 물을 튀기는 자장은

하늘을 가진 우주를 그려봤어요
영영슬영영가_

영화 [도희야]의 도희가
영화 [자전거 탄 소년] 시릴을 만난다면
슬퍼하지 않습니다
영화 [플로리다 프로젝트] 무니가
영화 [판의 미로] 오필리아를 만난다면
가슴을 두드리는 겁니다

가구를 나르는 감정으로
서로를 응원하기 시작했습니다

무언가를 바라는 마음은 선택을 합니다
자연스럽게 보호가 필요한 공간에서
어느 것이 옳은지 설명하잖아요

최선을 다해 놀고 있지만
아름답게 살아남고 싶은 의식이 있어

자주 울컥함을 경험하게 되네요

어둡고 습하게 복잡했던 일들이 밀려나고
보람을 알아가는 상상을 하게 됩니다

온 살과 뼈와 혈관들에 덕지덕지
붙어있는 고통을 느꼈지만
사랑이라는 물을 튀기는 자장磁場은
노력할수록 멀리 확장된다고 믿고 싶습니다

행복의 축이 그냥 들여앉히는 것이라면
견고해 보이는 여백에서
은그릇처럼 평화를 느끼고 가렵니다

바보 같은 아부지
빙봉이 부르는 노래
이심전심의 안테나로
그 어느 날 그 하루의
작고 절실한 그림자를 두고 가겠습니다

친구를 소개시켜주고 싶은 이름은 사랑입니다

결국 홈메이크 체험일 수도

떨어져 있는 곳에서 생각하는 섬을 보냅니다

요즘 사람들은 사회의 벽을
깊이 있게 고민하고 있더라고요
그 사람의 나이를 짐작하면서
어려운 답변 대신 의미를
찾아 나가는 노력이 있습니다

올라가지 못한 사다리를 보면서
시대적으로 넓이의 이면에 있는 것들은
뒤집어보면 뜻을 결정하고 있어요

제로로 만들어주는 방향의 자리는 중요하더랍니다

비슷한 타입의 단추를 만들어서
아버지가 하지 못했던 일들을 이루어나갑니다
영화처럼 바다를 볼 때에는
어려워지는 점선에 있지 않지요

지나가는 사람과 늙어가는 사람은
그림자가 필요한 점을 알고 있거든요

모든 것의 변화를 영적 성장의 프레임으로
매칭시키는 시선이 더 오래갈 수도 있더랍니다

나무와 있으면 안심되지요
내 안의 하얀 우주를 보고 싶은 마음으로
느려지는 연필과 노트를 작동시키게 됩니다

개인의 삶이든. 사회적 삶이든.
진심을 끌어안는 연장은
결국 롱테이크 체험일 수도 있을 테니까요
물론 자신이 좋아서 이루는 경우만큼
부정적인 요소도 있더랍니다

삶의 완성도를 위해서
내가 선택할 수 있는 일은 무엇인가?
나의 나라에서 내가 존재하는 의미는 무엇인가?

꾸준히 스스로에게 좋은 질문을
던지는 사람들이 많아졌으면 좋겠습니다

한참 있다가 다시 웃는

멀리서 지켜보는 것이 예의라면
나만의 듣는 상대의 말이 있더라고요

어떤 사람을 만나는 낭만성은
가냘픈 등불을 필사적으로 지키고 있습니다
심장의 속박에서 얻는 것이
이상한 가능성이기 때문에 계속 걸어요

스크린은 불투명하게 돌아가는
이름들이 결합되어 있어서
사랑에 대한 상상으로 밤바다에서 움직입니다

사랑 때문에 영화 [인어공주]의 연순은 진국에게
너그러운 말을 하고 있습니다
그대의 공책을 향해 거듭나는 시선을 던지면서
우리가 두고 온 울림이 있는 거예요

고통스런 감정을
사랑하는 감정으로 맞추다 보면

이야기가 바뀌는 것을 느낍니다

영화 [무뢰한] 김혜경의 뒷모습을
발견하는 눈을 따라가면
소설 [난장이가 쏘아올린 작은 공]과
시 [떨어져도 튀는 공처럼]을 연결시킬 수도 있더랍니다

배우 전도연 님의 연기가 유달리
묻혀지지 않는 이유는 슬픈 일이 있어도
한참 있다가 다시 웃는 의사소통을
약속할 수 있기 때문입니다

한 구절 쓰면 한 구절 와서 읽는 진심으로
그리워지는 마음을 더 실현시키는
아련함은 기필코 아픔의 비상구를 찾게 하네요

금요일의 진심을 엮어가는 결실은

의문을 가지고 알아가는 잎사귀는
어루만지고 있으면 약간씩 달라집니다

나무로 만들어진 풍경이
끌어들이는 날씨가 다르니까
서로의 등을 염두에 두고 좋아하네요

그리워할 것들을 인정해주고
통곡하는 사람을 위로해주는
품도 발견할 줄 알아야 합니다

결실의 자유가 고마운 사과가 있습니다
함께 깨어나는 대화를 할 수 있고
본질을 감지하는 멋이 있더랍니다

같이 여행을 가 봐야 자두의 맛도 알지요
쌓여진 시간을 토대로 문자를 보낸 사람이
이토록 사물과 교감할 수 있다면 예후가 좋은 거 같아서요

하늘 아래 쉬어가는 세월을

시와 일치시키는 이야기가 있고

금요일의 진심을 다양하게 엮어갑니다

귤꽃처럼 피어나는 생각으로

인디언의 잔을 보는 행위에서
영화 [레버넌트]의 리듬을 떠올려봤습니다

현재까지 영향을 미치는 죽음은
의문을 가지고 노력하는 분위기가 있거든요

기나긴 밤을 새운 달이
갑자기 없어지더라도
책 [침묵의 책] 느낌부터
쓰고 있을지도 모르겠습니다

사랑이 시와 비슷해서
서서히 늙어가지만
생각의 물결 속에서 귤꽃처럼
하얗게 피어나기도 합니다

진실보다 믿음이 강할 때

진실보다 믿음이 강할 때가 있습니다
지금 사람들은 어둠의 영역에 있는 거예요

이웃들이 반대하는 일이 길어지니까
선의 특수성이 필요한 겁니다

그대가 던진 노래는 미묘합니다
신뢰할 수 있는 기준으로 기존의 틀을
수정하는 사람은 진심으로 고민하거든요

결단의 순간에 원하지 않는 표정들이 있습니다
고통을 담은 가방은 어긋나지 않도록
이어지는 할 일과 이대로 한 일을 구분합니다

뒤에서 걸어오는 이름을 피하고 싶었지만
바닥을 통과하는 모자를 기대할 수 있기 때문에
노력할 수 있는 것에 새기기로 했습니다

빈방에 혼자 엎드려 숙제를 하던

영화 [캡틴 아메리카_시빌워]처럼
나보다 훨씬 큰 영웅들도
너무나 인간적인 모습을 하고 있습니다

동백꽃 종점에서 깊이 숨은 '킹스맨'이
할 수 있는 결정에 대해서 아무도 묻지 않습니다
소설 [스톤 다이어리]에서 반듯한 패배는 없었습니다

교회에서 따뜻한 묵상을 찾은 것처럼
영화 [러브레터]의 눈으로
감동적인 그 사람을 기억해낼 수도 있더랍니다
소설 [앵무새 죽이기]가 가진 의지의 힘에 관하여
등지고 본다는 게 어려운 거라서요

빛의 맹점을 발견할 수도 있을 겁니다

사람의 역사를 아름답게 지켜내고 싶다면
조직이 아닌 개인으로서의 삶을 연구해야지
집단적 근거로 답할 수 있는 부분은 아닌 거 같아요

빛바랜 인종문제든, 계속되는 젠더문제든.

언젠가는 자신이 정말 사랑했던

그 누군가와 그 무엇만 남을 겁니다

빈방에 혼자 엎드려 숙제를 하던

*스카웃을 걱정하는 사람이 많아졌으면 좋겠습니다_()_*

우연이 밀어내는 미래의 힘을

대화를 듣노라면 움직이지 않는 바위 옆에서
무력했던 일을 기억하게 됩니다

공간에 비례해서 근원적 공포를 지우고 보아도
사람을 수호하는 게 쉽지는 않았습니다
모르는 것을 견디지 못하는 손의 의지는
인상적인 위치로 단호하게 들어갑니다

말하기 힘든 질서를 고려할 수밖에 없으니까
마음이 흔들릴 때마다 머뭇거리게 되는 거예요

재는 대로 추측해봅니다

영화 [양들의 침묵] 하니발 렉터를
만나러 가는 스털링을
영화 [달콤한 인생] 지상에서
지하로 내려가던 선우와 연결해봤습니다

희망적인 수가 점점 적어지니까

결국 어깨가 바뀌어져 가는 이야기가 되더군요
전격적인 해체를 위해 존재하는 악인들은
시계보다 앞서서 다른 사람을 기다리기도 합니다

간곡한 말들도 지나가 버리고
이끌려 가듯 떠나는 이의 흔적을 남기네요

음악과 어울리지 않는 옷을 입기 위해
고독의 대가를 치를 때가 있습니다

경험에 의지하는 미래의 힘을
우연이 밀어내기 때문에
함께 가는 세계 반대편으로 걸어가기도 하더랍니다

선함과 악함이 섞여 있는
일상의 구체성에 집중하게 됩니다

사람다움을 이루는 것은
악한 마음을 분실하는
상태라는 걸 우린 알고 있습니다
영원의 마음으로 오늘 밤까지 살 수 있다면
생각보다 삶이 소중할 텐데 말입니다

가을에 좋은 마음이

거짓의 사연들을 견디게 합니다

저격을 만났는데

비열한 세계 진실의 모퉁이에서
과거를 잊지 않는 시대의 꽃은
아직도 세상에 나오지 않았습니다

잔혹한 세월을 견디게 하는 힘은
결국 함께하는 사람들이지요

볼 수 없을 때 불쑥 느껴지는 것으로
존재함을 믿어야 합니다

영원히 좁혀지지 않는 거리에서
사랑를 통해 좋았던 기억과 그리운 마음으로
첩첩산중에 숨어있었던 상처가
낫는 날이 왔으면 좋겠습니다

이 단어를 만난 것도 우연이었을까요
'저격'을 만났는데 '저녁'이 생각났습니다

그림자 유머

시간을 뒤집으면 공상하는 손이 필요하잖아요

소설 [경애의 마음]을 읽다 보면
슬퍼하는 사람들에게 허용되는 숨이 있더라고요

늘 그 자리에 있는 어떤 질문은
미끄러지는 이유가 있지요
삶은 약의 문제가 아니었습니다

결정적인 생각을 하게 됩니다
적극적으로 문을 열지 않으면
아무리 다녀도 이상한 의문을 풀 수가 없거든요

여전히 품고 있는 비장함은
서로가 서로에게 집중하게 될까 봐
풀어지는 부분도 있더랍니다

나의 손을 잡아줄 수 있는 누군가는
그늘을 가져가고 햇빛을 나눠주는 거예요

진심이 있으니까 관계의 밀도도 커지게 됩니다
장벽이 없는 감정은
신성한 이야기로 바꾸는 힘이 있습니다

기대고 있던 여름이 끝나고
상수의 낙하산과 경애의 발자국은
빈집에 있던 뭉긋한 공간에서 만날 수도 있겠습니다

진짜 마음을 다독이며
그림자를 이해할 수 있기 때문에
고생을 하더라도 유머가 나옵니다

깨끗한 사슴은

알맞게 열어둔 감정이 있는데
반복적인 일상에서는 가려져 있습니다
웃음을 속이면서 나아가는 불안은
고독한 리듬이 있더라고요

농담을 좋아하니까
기이한 흑백의 자막 속에서
회화적인 기억을 하게 됩니다

나와 그대가 한 장의 그림으로 스쳐 가지만
어떤 사랑은 죽음보다 앞서서 오더라고요

자연스럽게 중얼거리는
대지를 만질 수 있으니까 떨어지는 물을
현실로 가져와서 겨울로 나아갑니다

영화 [수면의 과학]의 배를
영화 [칠드런 오브 맨]의 배와 연결시키면
조명이 퍼진 유리창에 불이 켜지더군요

어딘가에서 꺼지지 않는 불을 찾기 위해
나아가는 사슴은 모든 길을 돌아서
깨끗한 정령이 되었습니다

영화 [우리는 같은 꿈을 꾼다]의 소와
영화 [옥자]의 돼지가
그대로 헌신하는 선택을
사람들은 모르는 거지요

다가가지 못하는 무늬는 따분한 거잖아요

어딘가에서 가장 편안한
공간의 본질을 탐구하며
어긋난 다리를 바로잡는 날까지 버티면서
꾸준히 가상세계와 현실세계를
유지할 수 있다는 게
얼마나 소중한 행복인가요

사랑은 곧 사랑으로 주저앉고
꿈은 곧 꿈으로 주저앉게 되더라도
명징한 관계를 포기하고 싶지는 않습니다

전방위적 전사들은

살아있는 동안 수많은 우연으로
낡은 영상들이 포함되어 있습니다

조선 시대에도 보리밭에 달 뜨면
물을 길어 사는 왕도 있었겠지요

적극적으로 이야기를 재구성하는 관점에서
큰 결정일수록 알 수 있는 책임이 있거든요

의심받던 불안감 때문에 감정적으로
생사의 틀을 수정하기도 합니다

어둡고 텅 빈 세월이
자주 떠다니던 시절이 있었습니다
공포심으로는 사연을 움직이지 못했습니다
그 시대에 등장하는
가치관을 설명하기 위해서
또 다른 창을 열어
서정적인 실험을 했으면 좋았을까요

소설 [가짜 팔로 하는 포옹]처럼
밤을 지새우는 추구를 하다 보면 잠이 없어요

밀리는 해가 세 번 다가오고 있을 때,
기이하게 생각되는 시간은 한정적이기도 해서요

한계가 분명한 기다림을 숙이면
지워지지 않는 의식을
멀리서도 찾을 수 있더군요

전방위적으로 목숨 걸고 참여했다는
전사들을 그냥 부르다 보면
뛰어가면서 맞추는 역사의 움직임이 있습니다

계급과 술책에 대한 일격이 계속되었고,
살아내야 하고
결국 사라졌던 그 시대에도
안으로는 영혼이 날아오르는 상상을
할 수도 있었으니 새삼 뭉클해지기도 하더라고요

마지막 순간까지 빛의 리듬으로
리듬으로_

처마에 서 있던 사람은

마지막 어둠을 버릴 수 있습니다

평생 괴기하고
돌아오지 못한 얼굴을 가만히 부릅니다
끝나지 않는 위선적인 상황에서
처마에 서 있던 사람은
의지할 수 있는 문제를 찾거든요

불안하다는 것과 무너진다는 것이
같음을 알고 있기에
알게 되는 조각이 있습니다

연산군의 화살을 영화 [케빈에 대하여]
케빈의 화살과 연결시켜봅니다
이전 사람은 다음 사람에게
소나무잎을 바늘로 덮기도 하더라고요

달콤하지 않은 걱정들이 정돈되지 못한 채
이상하고도 비극적인 방식으로 묻습니다

- 무고하니까 찾아갑니다

밖으로 나간 말과 안으로 들어온 글이
소통과 불통을 분간할 수 없기 때문에
흉터로 남기도 합니다

그리워할 수 없고
직시해야 하는 에피소드들은
차마 상상할수록 듣기가 힘들어서요
그래도 언뜻 비치는 봄을 기억하고
쓸쓸한 관계도 표정이 있음을 알게 됩니다

세상에 내려앉은 플롯의 배경은
간접적인 상황에서 어려운 것들이 있었습니다
기댈 수 있는 믿음은
저녁 어스름 내리는
서쪽에서 지원해주거든요

- 동시에 되돌아갈 수 있다면 장사도 해요

비록 영혼적 검침으로
허망한 세트를 지어보고
통곡하는 사람의 눈치를

오랫동안 쓰는 게 진심이기도 해서

잘 전달되었으면 하는 바람입니다

우비

비 내린 뒤에도
하늘의 눈썹은
우정을 내주고 있습니다

단호한 연필로 덮어버려요

검은 숲에서 오로라의 목소리를 듣습니다

밤이 우리에게 어떻게 다가왔는지
관심이 생기는데요

앨범이 사라지는 시대에서
새로운 마음을 느끼게 하는 노력은
더욱 소중한 것인지도 모르겠습니다

아직도 남은 사람들은
달이 있는 현장에 있습니다

아지트에 사슴들이 얼마나 많기에
참여의 깊이를 알 수 있는 것일까요
자꾸만 피플들이 미래를 연필로 덮어버려요

문화적 결함이 있는 이야기로
할 수 있는 건 없어서요
무너져가는 세상을 어떤 이유로 지켜내지만

어디를 가더라도 겨울은 오지요

그래도 개별적으로 시야를 길게 보고
이어나갈 수 있는 단호한 입장이 있을 때
가능한 것이 있습니다

도리가 뒤에 있네요
다음 일요일이 궁금합니다
궁금하면 3분만 기다릴게요

사랑의 기호는 신기루

예술의 원칙은 어둠이 깊은 감옥 같습니다
내적인 노트를 읽기만 하는데도 10년은 걸릴 거예요
연기로 살아야 되는 이름을 부르고
난감한 경우 흑백 지도를 그렸습니다

실제 하는 감정을 억제할수록
자기 자신을 제거하는 단계는 다 슬퍼요

멀리서 아픔을 반복적으로 당기기도 하면서
의지가 필요할 수도 있어서요
울음소리 가득한 세상을 견디는 영혼은
전신으로 강력한 힘을 실어주기도 하거든요

사이사이에 컬러사진이 있는데
역사적인 문제를 단순하게
돌파하기 위해 중요한 집이 있습니다

시제를 잘 담고 있는 먼지는
달려간 바람이 오면서

상대적으로 몸을 기울이게 되네요

자유로운 예술로 결정되는 삶에서
농담처럼 돌아온 심리적 진실은
평소 움직일 수 있는 시간과 공간에 있더랍니다

영화 [시저는 죽어야 한다]의 요소를
영화 [매트릭스]의 의미와 연결해봅니다

영화 [당신은 아직 아무것도 보지 못했다]의 소멸성은
에드몽 자베스 시인님의 '전복'과도 이어지게 되네요
'삶은 수를 더하고 죽음은 수를 빼는 신기루 같다고'

뭉크의 그림 [생명의 춤]을 보면
사랑의 기호를 알 수 있습니다
우주에서 공간을 빼면 다시 우주가 되지요

저항하는 당신에게

공유하는 소설은 가지런히 햇살로 환원되네요

꾸준하게 관찰하고 전달하고 싶은 마음으로
지금도 제일 좋은 자리에서
같이 쉬어가고 구체적인 비극을 그려봅니다

3등 칸에서 늦게 도착하는 소수에 대해
작동하는 디자인은 정해져 있더라고요

소설 [금테안경] 파디가티의 정체성을 찾아서
어슬렁거리는 착각들이 나쁘기 때문이잖아요

가냘픈 관계는 멀리 나아갈 수 없기에
휘어진 촛불에서 가정법이 찾아옵니다
누구를 탓할 수 없는 그 여러 겹의 마음은
가차 없이 계속 해석하게 되니까 숨어있는 거예요

회화적인 얼굴을 비춰주시는 시간들은
추억을 반영하고 사라지기도 합니다

물처럼 흘러 다니는 당사자는
2층보다 항상 위에 있으니까 진심인 거지요

가끔은 이야기가 더 크게
나의 모든 것을 보고 있다가
받아들일 수 있는 만남을 알고 있습니다

죽음에 초점을 맞춰서 사람들이 적극적으로
그 순간을 찾는 지점과도 연결됩니다
저항하는 당신에게 분위기를
거부하지 않고 홀로 묻습니다

- 아름다움은 어디서 오나요?

차별이 시작되는 아래를 보는 순간
부서짐을 이미 여러 차례 되풀이해서
슬픈 것을 구분해 내야 했습니다

이탈리아 소설 [금테안경]을 읽는데
일제강점기 소설 [운수 좋은 날]이 생각났습니다
눈이 먼 전사들을 깨우는
기초적인 두드림이 문학이었으면 좋겠습니다

아직도 사랑은 반짝이는 횡단보도에서

농담하는 해안가 쪽에서
삶이 아닌 세 명의 소설가를
선택해서 가까워지는
예행적 수련이 힘들기도 합니다

그 이름으로 남아있는 우리는
반짝이는 횡단보도에서 익숙해지잖아요

보여주는 힘을 알고
선택하는 힘을 알고
떠나지 못하는 이유를 알고
죄의 무게감을 아는
사람의 위대함을 알고 있기에
아직도 사랑은 지상에 있습니다

그 사랑

무언가를 주지 않더라도
관계가 편하면 좋은데
좋아하는 사람에게는
계속 무언가를
주고 싶은 마음이 있습니다

그 마음이 지속되면
그것을 '사랑'이라고
부르고 싶습니다

만약
따뜻한 날보다 추운 날이 많아지고
맑은 날보다 비오는 날이 많아지고
근원적인 결정을 혼자 해야 할
시간이 길어지는 게
사랑의 본질이겠지요

상징을 재연하는 세상에서

눈물이 뚝__뚝__ 흘렀습니다
안 그래도 추운 날씨 더 추워지고 슬펐습니다

이유를 바꿔가면서 정체성을 숨기지만
결국 되돌릴 수 없는 시대의 문제의식을
계속해서 알고자 하는 마음이 있었습니다

예민한 손님은 근원적인 결정을 하고
등을 돌리는 말을 모른 척합니다

가장 중요한 시선을 여는 밤은 사라지고
끝나게 되는 사랑이 있었는데요

이야기가 터지게 되는 질적인 부분은
해변이 있는 그림자가 반복되고
반추한 시간을 죽이는 울림에 있었습니다

마음속에 다른 연속극을 만들 듯이
가슴으로 가슴으로 스며드는 장소가 있습니다

그들의 상징을 재연하는 이곳의 세상에서
개인별로 각각의 다양한 관점을
고려할 수 있는 감수성은 중요합니다

백정 이야기

천민 계급이라고 분류되었던
백정은 우리나라 백성들의
영양 상태 개선을 위해 노력했던_
단백질 식단 공급 전문가 집단이 아니었을까요?

지식인들이 문서를 품고 있을 때에도
주어진 상황에서 영혼의 빛깔을
파란색으로 깃들이려고 노력했을 것입니다

비록 고기는 칼질에 시들게 되더라도
처음은 붉은색이었다는 걸
누구나 알 수 있으니까요

순수하게 신의 음식을 전하고 싶었는데
갈등은 깊어지고 갈등이 생기려다가
운이 나빠서 주저앉았던 것뿐입니다

현재까지의 경험을 돌이켜 보면
신과의 진실한 소통을 연결하는 통로는

언제나 낮은 자리에 있었습니다

사람 몸만 보더라도 두 발과 두 다리가 있기에
소외된 이웃을 만나고 그들로 인해
웃고 울고 감사하며 살 수 있으니까요

참된 지식이 실종되는
시대는 희망이 없습니다
끝까지 지켜내고 싶은 게 있다면
마지막 순간까지 사람다움을 위해
힘을 낼 수 있는 용기와 사랑일 거예요

비록 저의 믿음은 나약하고 보잘것없지만
누구보다 남몰래 고통받으며
울고 칼을 다루었던 사람들 곁에
남아서 그들의 답답한 심정을 함께합니다_()_

*)_
보여줄 것이라고는 자기 자신밖에
남아 있지 않더라도
그는 전혀 무의미한 존재가 아니다.

- 장 자크 루소-

(고마움이 아닌 부끄러움이 필요한 순간들이 있어요)

다시 우주의 꿈으로

사람은 무엇으로 사는가?_라는 질문과 연결되네요

폭력_에서 [폭]의 한자
어원 의미를 살펴보면
동물의 가죽을 펼쳐서 말리는
[포]에서 유래되었더라고요

사람이 살기 위해서
도구를 이용해 먹이를 쟁취했다면
그 생존 이후의 무엇이
인류를 지탱하는지 오랫동안
고민해야 되는 문제라고 생각합니다

폭력의 의미를 제대로 알아야만
그것을 이겨내는 다른 힘을 찾을 수 있을 거예요

중얼거리는 성찰만 바람에 출렁대기도 하고,
성찰 없는 입장만 있는 세상을 바라보다가
다시 우주의 꿈으로 불을 고정시켜봅니다

한 줄기의 빛

24년을 살아온 사람이나
42년을 살아온 사람이나
66년을 살아온 사람이나
88년을 살아온 사람이나

한 줄기의 빛이 사라지지 않는

기억은 누워있고
공간은 살아있고
개인은 스쳐가고
역사는 달아나고
특정은 휴가 가고
흔적은 넉넉하고

그 깊어지는 시간에서
자신의 존엄만큼 타인의 존엄을
인정할 수 있는 사회가 되었으면 좋겠습니다

부서진 고독이 없었더라면

유리창에 불이 켜지고 있지만
기쁨과 슬픔을 분간할 수 없는 손은
모순을 감추는 존재들에게 감히 요청합니다

모자에 깃털 하나를 채워 넣는 습관이
무슨 의미가 있을는지요?
나눠 갖는 사랑의 그윽한 평화는
이미 오래전에 일상화로 포장해 두었습니다

영화 [아노말리사]에서 어두운 길을 걸어가는
마이클 스톤의 모습을 애니 [괴물의 아이]
큐타의 모습과 대치해봤습니다

부서진 고독이 없었더라면
방은 언제나 환하기만 했을 거예요
감정 없는 식물인간이 되지 않기 위해
사람은 상대의 소리를 듣는 순간이 있습니다
밀고 당기는 장식적인 사랑이 아니지요

상대에게 의지할 수 있는 세트를
요구만 하면서 폭풍을 품은 사랑은 힘들어요

별이 될 수 있는 톤을 가지고
자신에게 맞는 연인의 집을 찾아가서
문을 열면 되거든요

사랑은 결국 사랑하는 사람의
무릎을 지키는 일이기도 합니다

넘어지면 일으키고
아니면 같이 넘어지고
그냥 으아 울고
그런 게 사랑입니다

난민 전화

농담처럼 문의드립니다

'청춘'이라는 이웃은

- 미국으로 다녀야 할까요?
- 유럽으로 다녀야 할까요?

사람의 영혼이 깃든 공간은
가볍지만 무겁고
무겁지만 안간힘을 쓰면서
가벼워지고 있어서
부감으로 들어야
조금은 알 수 있습니다

오래 편안한 그대가

그대의 세 번째 복숭아가 좋았습니다

우연과 마주칠 때 공교롭게도
동그라미 당신이 나옵니다

고단함에 익숙한 삶이지만
편안한 휴식도 있거든요
영성의 계단이 어디 있는지 알아서요

동네 산책을
오래 다녔는데
사랑받는 만큼
더 좋아지는 그대가
매일매일 오는
일상의 기적이지요

이 도서의 국립중앙도서관 출판예정도서목록(CIP)은 서지정보유통지원시스템
홈페이지(http://seoji.nl.go.kr)와 국가자료공동목록시스템(http://www.nl.go.kr/kolisnet)에서
이용하실 수 있습니다. (CIP제어번호 : CIP2019000968)

사랑은
곰곰이

초판 1쇄 발행 2019년 1월 23일

지은이 김현주

펴낸이 임병천
펴낸곳 책나무출판사
출판신고 2004년 4월 22일(제318-00034)

주소 서울시 영등포구 신길3동 325-70 3F
전화 02-338-1228 **팩스** 0505-866-8254
홈페이지 www.booktree.info

ISBN 978-89-6339-606-4 03810